Athanase ZOGO

LES PREFIGURATIONS DE JESUS DANS LA BIBLE

Athanase ZOGO

LES PREFIGURATIONS DE JESUS DANS LA BIBLE

DE L'ANCIEN AU NOUVEAU TESTAMENT

Éditions Croix du Salut

Imprint

Any brand names and product names mentioned in this book are subject to trademark, brand or patent protection and are trademarks or registered trademarks of their respective holders. The use of brand names, product names, common names, trade names, product descriptions etc. even without a particular marking in this work is in no way to be construed to mean that such names may be regarded as unrestricted in respect of trademark and brand protection legislation and could thus be used by anyone.

Cover image: www.ingimage.com

Publisher:
Éditions Croix du Salut
is a trademark of
Dodo Books Indian Ocean Ltd. and OmniScriptum S.R.L publishing group

120 High Road, East Finchley, London, N2 9ED, United Kingdom
Str. Armeneasca 28/1, office 1, Chisinau MD-2012, Republic of Moldova, Europe
Printed at: see last page
ISBN: 978-3-8416-9911-4

LES PREFIGURATIONS DE JESUS DANS LA BIBLE

DE L'ANCIEN AU NOUVEAU TESTAMENT

SOMMAIRE

Les préfigurations de Jésus dans la Bible sont des événements, des personnages, des objets ou des institutions de l'Ancien Testament qui annoncent et préparent la venue de Jésus-Christ dans le Nouveau Testament. Bien qu'elles soient souvent voilées et symboliques, ces préfigurations sont des images, des types et des ombres qui trouvent leur plénitude et leur accomplissement en Jésus. Elles ne sont pas des prophéties directes, mais plutôt des signes de ce qui allait venir : la rédemption de l'humanité par la vie, la mort et la résurrection du Messie.

Dans la théologie chrétienne, l'Ancien Testament ne doit pas être vu comme un livre séparé du Nouveau, mais comme un ensemble cohérent qui prépare et annonce l'arrivée de Jésus. La venue de Jésus ne constitue pas un événement isolé dans l'histoire de Dieu avec les hommes, mais l'accomplissement de Son plan de salut déjà esquissé dans les pages de l'Ancien Testament. Chaque sacrifice, chaque loi, chaque figure héroïque de l'Ancien Testament porte en elle un écho de l'œuvre que Jésus accomplira des siècles plus tard.

La notion de préfiguration est donc fondamentale pour comprendre la profondeur de l'œuvre de Jésus. En effet, ces types de Christ dans l'Ancien Testament ne sont pas seulement des éléments historiques ou culturels, mais des modèles divinement conçus pour révéler les aspects profonds de la nature et de la mission de Jésus. Cela nous permet de voir que Jésus n'est pas simplement le « Messie » qui est apparu soudainement dans le Nouveau Testament, mais qu'Il était déjà présent, de manière indirecte et symbolique, dès le commencement des temps.

Les préfigurations de Jésus dans l'Ancien Testament nous montrent aussi que l'œuvre de Jésus n'est pas une « nouvelle ère » mais la continuité du plan de Dieu pour la rédemption du monde. Ce plan est progressivement révélé à travers des images prophétiques, des actions divines, et des figures humaines, culminant en Jésus-Christ, l'accomplissement de toutes les promesses de Dieu.

Pourquoi étudier les préfigurations de Jésus ?

1. **Approfondir notre compréhension de la Bible** : Étudier les préfigurations de Jésus nous aide à relier l'Ancien et le Nouveau Testament. Cela nous permet de voir la Bible comme une œuvre unifiée, où chaque partie révèle un aspect du plan divin en préparation de l'arrivée de Jésus-Christ.

2. **Apprécier la continuité du plan divin** : La découverte des préfigurations montre que Dieu a toujours eu un plan de rédemption et qu'Il l'a mis en œuvre tout au long de l'histoire, à travers des types et des ombres qui se trouvent en Jésus. Chaque aspect de l'histoire du salut trouve sa conclusion en Lui.

3. **Élargir notre perspective de Jésus** : En étudiant ces préfigurations, nous découvrons que Jésus est bien plus qu'un simple personnage historique : Il est la réalisation des promesses anciennes, Il est celui qui répond à chaque attente du peuple de Dieu, celui qui accomplit ce que d'autres ont seulement symbolisé.

Comment les préfigurations de Jésus se manifestent-elles ?

Les préfigurations de Jésus peuvent être observées sous plusieurs formes dans l'Ancien Testament :

- **Les personnages** : Certains personnages de l'Ancien Testament, comme Adam, Moïse, David et Abraham, agissent comme des « types » de Jésus. Par leur vie et leurs actions, ils préfigurent des aspects de la mission du Christ. Par exemple, Moïse, qui libère Israël de l'esclavage en Égypte, préfigure Jésus, qui nous libère de l'esclavage du péché.

- **Les objets et les rituels** : Des objets comme l'Arche de l'Alliance, le Tabernacle, et des rituels comme le sacrifice de l'Agneau de Pâque ou le jour de l'Expiation (Yom Kippour), sont des préfigurations de la rédemption et du sacrifice de Jésus. Chaque élément de ces rituels pointait vers l'œuvre de Jésus dans le Nouveau Testament.

- **Les événements historiques** : Certains événements, tels que le passage de la mer Rouge ou la manne tombant du ciel, préfigurent des aspects du salut apporté par Jésus. Ces événements servent de symboles pour comprendre le salut en Christ : la libération du péché, la nourriture spirituelle et la guidance divine.

En étudiant ces préfigurations, nous sommes invités à voir que tout dans l'Ancien Testament pointait vers Jésus. Par Sa venue, Jésus a non seulement accompli les prophéties spécifiques, mais Il a aussi donné un sens profond et final à des événements, des personnages et des objets qui, jusque-là, n'étaient que des signes partiels de ce qui devait venir.

Dans cet ouvrage, nous examinons plusieurs des préfigurations de Jésus dans l'Ancien Testament, et nous voyons comment elles trouvent leur accomplissement dans le Nouveau Testament. Chaque thème est consacré à une figure ou un élément particulier qui annonce Jésus. À la fin de ce voyage à travers les Écritures, vous serez mieux armé pour voir Jésus non seulement comme le Sauveur du Nouveau Testament, mais aussi comme le cœur de tout le message biblique, celui qui, depuis les premiers chapitres de la Genèse jusqu'à l'Apocalypse, est la « **clé** » de l'histoire du salut.

Ce livre ne se limite pas à des explications théologiques complexes. Il s'agit d'un voyage spirituel qui nous invite à voir Jésus dans toute la Bible et à comprendre la richesse et la profondeur du plan de Dieu pour l'humanité.

LE SACRIFICE AU JARDIN D'ÉDEN

L'histoire du salut commence dans le jardin d'Éden, où tout a été créé parfait. Cependant, avec la chute de l'humanité, le péché est entré dans le monde, rompant la communion entre Dieu et l'homme. Dans Genèse 3, après la désobéissance d'Adam et Ève, Dieu annonce une promesse de rédemption : « Je mettrai une inimitié entre toi et la femme, entre ta descendance et sa descendance ; celle-ci te blessera à la tête, et tu lui blesseras au talon » (Genèse 3, 15). Cette promesse préfigure la victoire ultime du Christ, l'Agneau de Dieu, sur le péché et la mort.

Dès le début, le concept de sacrifice apparaît comme un moyen de réconciliation entre l'homme et Dieu. Abel offre un sacrifice de son meilleur agneau (Genèse 4, 4), ce qui montre l'importance du sacrifice pour le pardon des péchés. Les sacrifices deviennent une pratique centrale dans la relation d'Israël avec Dieu, culminant dans le système sacrificiel établi dans la loi mosaïque. L'Agneau pascal, célébré lors de la Pâque, est un autre précurseur de la notion d'Agneau sacrificiel. Dans Exode 12, Dieu ordonne aux Israélites de sacrifier un agneau sans défaut et d'en appliquer le sang sur les portes pour épargner leurs familles de la colère divine. Cet événement symbolise la protection et la rédemption, annonçant ainsi le sacrifice de Jésus, l'Agneau de Dieu, qui prend sur lui les péchés du monde.

À travers les écrits des prophètes, la figure de l'Agneau se renforce. Dans Ésaïe 53, le serviteur souffrant est décrit comme un agneau conduit à l'abattoir, portant les iniquités de l'humanité. Cette image prépare le chemin pour la venue de Jésus, qui, selon Jean-Baptiste, est l'« Agneau de Dieu qui ôte le péché du monde » (Jean 1, 29). Jésus est l'accomplissement de toutes les préfigurations de l'Agneau sacrifié. Par sa mort sur la croix, il offre un sacrifice parfait, remplaçant tous les sacrifices animaux du passé. Dans Hébreux 9, 26, il est dit qu'il « s'est manifesté une fois pour toutes à la fin des siècles pour abolir le péché par son sacrifice ».

Son sang versé établit une nouvelle alliance, assurant la réconciliation entre Dieu et l'humanité.

La notion de l'Agneau sacrifié continue d'être centrale dans la liturgie chrétienne. L'Eucharistie, ou Sainte-Cène, célèbre le sacrifice de Jésus, rappelant aux croyants qu'ils sont réconciliés avec Dieu grâce à son sacrifice. Chaque célébration est une commémoration de l'Agneau sacrifié qui a vaincu la mort. La figure de l'Agneau n'est pas seulement un symbole de sacrifice, mais aussi un emblème d'espoir et de rédemption. Dans l'Apocalypse, l'Agneau est adoré dans le ciel, symbolisant la victoire définitive sur le mal et la promesse d'une restauration complète de la création (Apocalypse 21, 4).

L'Agneau sacrifié à Éden illustre le début d'une histoire de rédemption qui se déploie à travers les Écritures. De la chute à la croix, chaque élément de cette histoire souligne l'amour incommensurable de Dieu pour l'humanité. En Jésus-Christ, l'Agneau parfait, l'humanité trouve la réconciliation et la promesse d'une vie éternelle.

L'ARCHE CONSTRUITE PAR NOE

L'histoire de Noé et de l'arche est un récit puissant de foi, de protection et de rédemption. Dans Genèse 6, nous découvrons un monde corrompu, où la méchanceté des hommes a atteint des sommets. Dieu, voyant la dépravation, décide de purifier la terre par un déluge. Cependant, au milieu de ce jugement imminent, Dieu trouve un homme juste : Noé. Dieu communique avec Noé et lui ordonne de construire une arche, un immense bateau conçu pour le salut des siens. Noé reçoit des instructions précises concernant la taille et la structure de l'arche (Genèse 6, 14 - 16). Ce commandement représente une réponse à la destruction imminente et une promesse de protection.

La foi de Noé est exemplaire. Malgré le ridicule et l'incrédulité de son entourage, il obéit aux instructions divines. Hébreux 11, 7 souligne que « par la foi, Noé, divinement averti des choses qu'on ne voyait pas encore, craignit et bâtit une arche pour sauver sa famille ». Son engagement démontre une confiance profonde en la parole de Dieu, même face à l'incertitude. La construction de l'arche elle-même est un acte de dévouement et de persévérance. Pendant des années, Noé travaille sans relâche pour réaliser ce projet colossal. Ce travail acharné symbolise la préparation spirituelle nécessaire pour affronter le jugement à venir. L'arche devient ainsi un refuge, un lieu de salut.

Lorsque le moment arrive, Noé, sa famille et un échantillon de chaque espèce animale entrent dans l'arche. Dieu ferme la porte derrière eux (Genèse 7, 16), symbolisant une séparation entre ceux qui croient et ceux qui rejettent la miséricorde divine. Cette porte fermée évoque la sécurité que l'on trouve en obéissant à Dieu. Le déluge commence, et les eaux submergent la terre. Ce jugement est une illustration de la gravité du péché et des conséquences qui en découlent. Cependant, l'arche flotte sur les eaux, représentant la protection divine.

Noé et sa famille sont préservés, tandis que la création est purifiée. Après le déluge, Dieu se souvient de Noé et de tous les êtres vivants dans l'arche. Les eaux se retirent, et une nouvelle création émerge. Genèse 9, 1 annonce la bénédiction de Dieu sur Noé et ses fils, leur donnant l'ordre de multiplier et de remplir la terre. Cette nouvelle alliance avec l'humanité témoigne de la miséricorde divine malgré le jugement.

L'arche peut être vue comme un symbole de Jésus-Christ. Tout comme l'arche a sauvé Noé et sa famille du jugement, Jésus offre le salut à tous ceux qui croient en lui. Dans 1 Pierre 3, 20 - 21, le parallèle est établi entre l'arche et le baptême, soulignant que le véritable refuge se trouve en Christ. L'histoire de l'arche construite par Noé nous rappelle la nature duale de Dieu : juste dans son jugement, mais riche en miséricorde. Ce récit est une invitation à la foi et à l'obéissance, montrant que, même dans les moments les plus sombres, Dieu offre un refuge à ceux qui se tournent vers lui. Comme Noé, nous sommes appelés à bâtir notre vie sur la foi en Dieu, trouvant en Jésus notre véritable arche de salut.

L'histoire d'Abraham et d'Isaac est l'un des récits les plus poignants de la foi et de l'obéissance. Dans Genèse 22, Dieu met Abraham à l'épreuve en lui demandant de sacrifier son fils Isaac, le fils de la promesse. Cette demande est à la fois déconcertante et douloureuse, mais Abraham montre une obéissance inébranlable. Il se lève tôt le matin, prépare le matériel du sacrifice et se dirige vers le lieu indiqué par Dieu. Ce premier acte d'obéissance souligne la foi profonde d'Abraham, qui croit que Dieu peut même ressusciter Isaac si nécessaire (Hébreux 11, 19).

Le chemin vers le Mont Moriah est chargé d'angoisse. Isaac, innocent et confiant, demande à son père où est l'agneau pour le sacrifice. La réponse d'Abraham, « Dieu se pourvoira lui-même d'un agneau » (Genèse 22, 8), résonne comme une proclamation de foi. Abraham est conscient de la gravité de sa mission, mais sa confiance en Dieu reste ferme. Arrivé au sommet de la montagne, Abraham construit un autel. Ce geste symbolise sa soumission totale à la volonté de Dieu. Il lie Isaac et le place sur l'autel, un acte qui témoigne de son immense foi. À ce moment-là, le cœur d'Abraham est en lutte entre l'amour pour son fils et la soumission à Dieu. Alors qu'Abraham lève le couteau pour sacrifier son fils, un ange du Seigneur l'appelle du ciel et l'arrête. Dieu, voyant la foi d'Abraham, lui fournit un bélier coincé dans un buisson pour être sacrifié à la place d'Isaac (Genèse 22, 13). Ce moment est une illustration de la grâce divine et du remplacement providentiel, un motif central dans l'histoire du salut.

Le bélier sacrifié à la place d'Isaac préfigure l'Agneau de Dieu, Jésus-Christ, qui vient pour porter le péché du monde. Dans Jean 1, 29, Jean-Baptiste désigne Jésus comme l'« Agneau de Dieu ». Tout comme le bélier a été fourni pour sauver Isaac, Jésus est le sacrifice parfait, remplaçant la culpabilité et le châtiment de l'humanité par son propre sang. Après cet événement, Dieu renouvelle sa promesse à Abraham, affirmant que sa descendance sera bénie et qu'elle multiplierait les nations (Genèse 22, 17 - 18). Cet engagement divin souligne que le plan de Dieu pour la rédemption est en marche, et que la foi d'Abraham est essentielle pour l'accomplissement de ce plan.

L'histoire d'Abraham et de l'Agneau sacrifié invite à une réflexion profonde sur la foi. Abraham représente chaque croyant appelé à faire confiance à Dieu, même lorsque les circonstances semblent impossibles. Sa soumission et sa détermination à obéir à Dieu malgré l'angoisse témoignent d'une foi authentique. Le récit d'Abraham et du sacrifice de l'Agneau est un puissant symbole de la rédemption. Il préfigure le sacrifice ultime de Jésus-Christ, qui prend la place de l'humanité condamnée. Ce thème nous appelle à vivre une foi authentique, à faire confiance à Dieu même dans l'incertitude, et à reconnaître Jésus comme notre Agneau, celui qui a été sacrifié pour nous sauver. Par ce sacrifice, nous sommes invités à entrer dans une relation de confiance et d'amour avec notre Créateur, qui se pourvoit toujours pour ses enfants.

L'histoire de Joseph, l'un des fils de Jacob, est une saga de souffrance, de trahison, de rédemption et de providence divine. Joseph, le favori de son père, reçoit des rêves prophétiques qui annoncent qu'il sera élevé au-dessus de sa famille. Ses frères, jaloux, complotent contre lui et le vendent à des marchands ismaélites. Ce moment de trahison est le point de départ d'une série d'événements qui vont façonner le destin de Joseph et de son peuple. Arrivé en Égypte, Joseph est vendu à Potiphar, un officier du pharaon. Malgré les difficultés et les épreuves, il se montre fidèle et intègre. Sa capacité à interpréter les rêves le conduit finalement devant le pharaon, qui est troublé par ses propres visions prémonitoires d'une famine à venir. Joseph interprète les rêves du pharaon, prédisant sept années d'abondance suivies de sept années de famine. Impressionné par sa sagesse, le pharaon nomme Joseph gouverneur de l'Égypte, chargé de rassembler et de stocker des provisions durant les années de prospérité afin de faire face à la famine à venir (Genèse 41, 30 - 36).

Lorsque la famine touche toute la région, y compris la terre de Canaan où se trouve la famille de Jacob, celui-ci envoie ses fils en Égypte pour acheter du grain. Ils se retrouvent face à Joseph, qu'ils ne reconnaissent pas. Ce moment de retrouvailles est chargé d'émotion et de tension, alors que Joseph teste la loyauté de ses frères (Genèse 42). Après plusieurs interactions et épreuves, Joseph révèle finalement son identité à ses frères. Il leur pardonne et les rassure, affirmant que, bien que leurs actions aient été mauvaises, Dieu les a utilisées pour le bien : « Vous aviez projeté de me faire du mal, mais Dieu l'a tourné en bien » (Genèse 50, 20). Cette déclaration souligne la souveraineté de Dieu dans les circonstances humaines. Joseph invite sa famille à venir s'installer en Égypte, où ils peuvent vivre en sécurité durant la famine. Jacob et sa famille rejoignent Joseph, et ensemble, ils s'établissent à Goshen, une terre fertile. Cela représente non seulement la préservation physique du peuple d'Israël, mais aussi la continuité de la promesse de Dieu envers Abraham, Isaac et Jacob.

Joseph est souvent considéré comme un précurseur de Jésus-Christ. Tout comme Joseph a été trahi et souffert, mais a finalement sauvé son peuple, Jésus a souffert pour le salut de l'humanité. Le pardon que Joseph offre à ses frères reflète la grâce et la rédemption que Christ offre à tous. L'histoire de Joseph met en lumière la providence divine. Malgré les épreuves et les injustices qu'il a subies, Joseph a maintenu sa foi en Dieu. Cette confiance lui a permis de voir la main de Dieu à l'œuvre dans sa vie, transformant le mal en bien. Cela nous rappelle que, même dans les moments sombres, Dieu est au contrôle et peut utiliser nos luttes pour un plus grand dessein. L'histoire de Joseph et du peuple d'Israël sauvé de la famine est un puissant témoignage de la rédemption et de la providence divine. Elle nous enseigne que, même dans nos épreuves, nous pouvons avoir confiance que Dieu travaille pour notre bien. Comme Joseph, nous sommes appelés à pardonner et à rechercher le bien, sachant que nos difficultés peuvent servir à un plan plus grand. Par cette histoire, nous sommes invités à reconnaître la main de Dieu dans nos vies et à nous confier à sa bonté et à sa sagesse infinies.

L'AGNEAU SACRIFICIEL

Dans l'Ancien Testament, l'idée de l'agneau sacrificiel est un motif central qui se trouve tout au long de l'histoire du peuple d'Israël. Cet agneau, sacrifié pour l'expiation des péchés ou pour la purification, est une figure clé qui préfigure Jésus-Christ, l'Agneau de Dieu, qui enlève le péché du monde par Son sacrifice sur la croix. L'un des premiers récits importants de l'Agneau sacrificiel se trouve dans le livre d'Exode 12. C'est ici que Dieu institue la fête de la Pâque, un rite sacré pour Israël, durant lequel un agneau est sacrifié pour marquer l'événement décisif de la libération du peuple hébreu de l'esclavage en Égypte. Le peuple d'Israël est appelé à prendre un agneau sans défaut, à le sacrifier et à en répandre le sang sur les portes de leurs maisons, afin que l'ange de la mort passe au-dessus d'elles et que leurs premiers-nés soient épargnés (Exode 12, 1 - 13).

Le sacrifice de l'Agneau de Pâque sert de préfiguration directe de Jésus-Christ. Comme l'agneau de Pâque devait être sans défaut et sacrifié pour sauver la vie des Israélites, Jésus, l'Agneau parfait, allait être sans péché et sacrifié pour sauver l'humanité du péché et de la mort éternelle. Le sang de l'agneau, appliqué sur les portes, était un signe de protection contre la mort, tout comme le sang de Jésus, versé sur la croix, nous protège du jugement de Dieu. Dans 1 Corinthiens 5, 7, l'apôtre Paul écrit : « Christ, notre Pâque, a été immolé ». Jésus est l'Agneau de la Pâque par excellence, dont le sacrifice prend toute son ampleur au moment où Il est crucifié, pendant la fête de la Pâque juive, pour accomplir ce que l'agneau sacrificiel de l'Ancien Testament ne pouvait que symboliser. Dans Lévitique 16, nous trouvons l'institution du jour de l'Expiation (Yom Kippour), un jour sacré où le peuple d'Israël devait se purifier de ses péchés. Deux boucs étaient utilisés : l'un était sacrifié pour l'expiation des péchés, et l'autre était envoyé dans le désert, portant symboliquement les péchés du peuple. Ce rituel était destiné à purifier le peuple d'Israël et à rétablir la relation entre Dieu et Son peuple.

Le bouc sacrifié pour l'expiation préfigure Jésus, qui, par Son sacrifice sur la croix, portera les péchés de l'humanité et fera la paix avec Dieu pour ceux qui croient en Lui. Jésus est le véritable agneau sacrificiel, l'Agneau qui prend sur Lui les péchés du monde. Dans Hébreux 9, 12 - 14, il est écrit que Jésus « est entré une fois pour toutes dans le sanctuaire, non par le sang de boucs et de veaux, mais par Son propre sang, ayant obtenu une rédemption éternelle ». Dans Exode 12, 5, il est spécifié que l'agneau sacrificiel devait être « sans défaut ». Cette exigence est cruciale car elle symbolise l'innocence et la perfection de l'agneau, qui ne devait pas être taché par un défaut ou une imperfection. De même, Jésus, l'Agneau parfait, devait être sans péché pour pouvoir offrir un sacrifice acceptable à Dieu et pour que Son sang soit pur, capable de purifier les péchés de tous ceux qui croiraient en Lui. Dans le Nouveau Testament, Jésus est constamment décrit comme sans péché. Dans Hébreux 4, 15, il est écrit : « Car nous n'avons pas un souverain sacrificateur qui ne puisse compatir à nos faiblesses, mais un qui a été tenté en toutes choses comme nous, mais sans péché ». Il est cet Agneau sans défaut, le seul à pouvoir faire une expiation parfaite pour les péchés du monde.

Dans Jean 1, 29, lorsque Jean-Baptiste voit Jésus approcher, il déclare : « Voici l'Agneau de Dieu, qui ôte le péché du monde ». Cette déclaration est un lien direct entre l'Agneau sacrificiel de l'Ancien Testament et Jésus, qui est le véritable Agneau destiné à être sacrifié pour les péchés du monde. Jean-Baptiste identifie Jésus non seulement comme le Messie, mais aussi comme Celui qui accomplira la promesse du sacrifice de l'Agneau. Le titre « Agneau de Dieu » souligne la mission de Jésus. Il ne vient pas seulement pour être un enseignant ou un prophète, mais pour offrir Sa vie comme un sacrifice pour le péché. Dans Apocalypse 5, 6, Jésus est vu comme l'Agneau « qui a été immolé », et Il est révélé comme celui qui mérite de recevoir toute gloire et honneur, car Il a pris sur Lui le péché du monde. Le sacrifice de Jésus sur la croix est l'accomplissement ultime de toutes les préfigurations de l'Agneau sacrificiel. Jésus est mort dans un acte parfait d'obéissance à Dieu pour satisfaire la justice divine et offrir une réconciliation entre Dieu et l'humanité. Jésus, en tant que l'Agneau sacrificiel, offre un sacrifice définitif qui efface les péchés de tous ceux qui croient en Lui, une fois pour toutes. Ce sacrifice est définitif, en ce sens qu'il n'a pas besoin d'être répété, contrairement aux sacrifices continus dans l'Ancien Testament.

Dans 1 Pierre 1, 18 - 19, l'apôtre Pierre explique que « vous savez que ce n'est pas par des choses corruptibles, par de l'argent ou de l'or, que vous avez été rachetés... mais par le précieux sang de Christ, comme d'un agneau sans défaut et sans tache ». Jésus, par Son sang versé, devient le véritable Agneau qui rachète l'humanité du péché et de la mort éternelle. L'Agneau sacrificiel, tout au long de l'Ancien Testament, était une figure préfigurant Jésus-Christ, le Sacrifice parfait pour les péchés du monde. Jésus, en tant qu'Agneau de Dieu, a pris sur Lui nos péchés et a subi la condamnation que nous méritions, afin que nous puissions recevoir la grâce et la réconciliation avec Dieu.

Les sacrifices d'animaux dans l'Ancien Testament ne pouvaient offrir qu'une rédemption provisoire et partielle. Mais Jésus, en tant qu'Agneau parfait, a accompli ce que tous les sacrifices précédents n'avaient pu faire : il a offert un sacrifice suffisant pour tous les hommes, une fois pour toutes. Son sang versé est le moyen par lequel nous sommes purifiés, justifiés et réconciliés avec Dieu. Ainsi, lorsque nous réfléchissons au sacrifice de Jésus, nous devons voir en Lui l'Agneau sacrificiel parfait, dont le sacrifice n'a pas seulement satisfait la justice divine, mais qui, par Son amour infini, nous ouvre la porte de la vie éternelle. Par le sang de cet Agneau, nous sommes guéris, sauvés et réconciliés avec Dieu.

LE NOUVEAU MOÏSE

L'Ancien Testament regorge de figures qui préfigurent Jésus-Christ, et l'une des plus importantes est celle de Moïse, le grand libérateur d'Israël. Moïse, en tant que conducteur du peuple hors de l'esclavage en Égypte, représente une figure salvatrice majeure dans l'histoire d'Israël. Cependant, bien que Moïse ait été un puissant instrument de la rédemption d'Israël, il est également un type de Jésus-Christ, le **Nouveau Moïse**, qui viendrait non seulement pour libérer les hommes de l'esclavage physique, mais aussi de l'esclavage spirituel du péché.

Moïse, né en Égypte, fut choisi par Dieu pour mener les Israélites hors de l'esclavage. Exode 3 nous raconte l'appel de Moïse au buisson ardent, où Dieu lui confie la mission de libérer Son peuple. Moïse, après avoir reçu la mission divine, revient en Égypte, confronte le pharaon et, par l'intermédiaire de miracles puissants (les dix plaies d'Égypte), guide Israël vers la liberté. Son leadership et ses actions sont des signes de la puissance salvatrice de Dieu, qui agit pour sauver Son peuple. Moïse n'est pas seulement un chef militaire ou politique, mais il est aussi **médiateur de la loi**. Il reçoit les **Tablettes de la Loi** sur le mont Sinaï (voir Exode 19 - 20), instituant l'alliance entre Dieu et Israël. Cette loi devient la fondation de la relation entre Dieu et Son peuple, et Moïse est le canal à travers lequel cette révélation divine a lieu. Ainsi, Moïse devient un symbole de libération et de rédemption, non seulement de l'esclavage physique en Égypte, mais aussi un préfigurateur du Messie, qui viendrait libérer l'humanité du péché.

Tout comme Moïse a été choisi pour libérer Israël de l'esclavage, Jésus a été envoyé pour libérer l'humanité du péché et de la mort. Ce parallèle entre Moïse et Jésus est évident dès les premiers pas du ministère de Jésus, et tout au long de l'Évangile, il est clair que Jésus accomplit parfaitement les prophéties de l'Ancien Testament et les figures de Moïse :

1. Un premier parallèle se trouve dans Matthieu 2, 13 - 15, où Joseph, averti en songe, fuit avec Marie et l'enfant Jésus en Égypte pour échapper à la violence d'Hérode, qui cherche à tuer Jésus. Cette fuite en Égypte est une réminiscence de l'histoire de Moïse, qui a également grandi en Égypte avant d'en sortir pour libérer les Israélites. De plus, Matthieu 2, 15 cite Osée 11, 1, « J'ai appelé mon fils hors d'Égypte », un verset qui fait directement référence à Jésus et au rôle symbolique d'Israël, mais aussi à celui de Jésus qui reprend la mission de Moïse dans un sens spirituel beaucoup plus profond.

2. Tout comme Moïse a guidé Israël à travers la mer Rouge pour le délivrer de l'esclavage, Jésus est Celui qui va guider l'humanité vers une liberté plus grande, celle de la rédemption spirituelle. Dans Luc 9, 31, lors de la Transfiguration, Moïse et Élie apparaissent avec Jésus et discutent « de son départ (exode) qu'il devait accomplir à Jérusalem ». Ce verset montre que Jésus, dans Sa mort, va accomplir un exode spirituel pour tout le peuple de Dieu, le libérant de l'esclavage du péché. L'Exode historique de Moïse est ainsi une préfiguration de l'Exode spirituel accompli par Jésus, qui, par Sa mort et Sa résurrection, permet à ceux qui croient en Lui de passer de l'esclavage du péché à la liberté de la vie éternelle.

L'une des fonctions majeures de Moïse a été de transmettre la Loi de Dieu aux Israélites. Après avoir reçu les **Tablettes de la Loi** sur le mont Sinaï, Moïse devient le médiateur entre Dieu et le peuple. Par la loi, il établit une relation d'alliance entre Dieu et Israël, et bien que la loi soit sainte, elle était aussi un fardeau pour les Israélites, en raison de leur incapacité à la respecter parfaitement.

Jésus, en tant que **Nouveau Moïse**, inaugure une **nouvelle alliance** qui dépasse la loi de Moïse. Alors que la loi ancienne condamnait, la grâce nouvelle qu'apporte Jésus donne la possibilité de vivre selon la volonté de Dieu, non par obéissance à des règles extérieures, mais par l'Esprit de Dieu en nous. Jésus ne vient pas abolir la loi, mais l'accomplir pleinement. Dans Matthieu 5, 17, Il déclare : « Ne croyez pas que je sois venu abolir la loi ou les prophètes ; je ne suis pas venu abolir, mais accomplir » :

1. Le **Sermon sur la Montagne** (Matthieu 5 - 7) est souvent vu comme une réinterprétation de la loi mosaïque. Jésus ne se contente pas de répéter la loi de Moïse, mais Il va plus loin. Il dit : « Vous avez appris qu'il a été dit... mais moi je vous dis... » (Matthieu 5, 21 - 48). Jésus va au cœur de la loi et révèle son véritable sens. Il montre que la loi de Dieu ne concerne pas seulement l'action extérieure, mais l'attitude du cœur. Cette réinterprétation radicale de la loi, tout en étant plus exigeante que la loi mosaïque, est une expression de la grâce de Dieu, car elle est rendue possible par l'œuvre du Saint-Esprit en ceux qui croient.

2. La dernière Cène (voir Luc 22, 20) marque le moment où Jésus inaugure une nouvelle alliance, représentée par Son propre corps et Son sang. Il dit : « Ceci est le sang de l'alliance, qui est répandu pour beaucoup pour la rémission des péchés ». Ce sacrifice de Jésus sur la croix scelle la nouvelle alliance, celle qui est fondée sur la grâce et le pardon, et non sur l'observance de la loi.

Moïse, lors de son séjour sur le mont Sinaï, a eu une rencontre exceptionnelle avec Dieu, mais Exode 33, 20 nous dit que Moïse ne pouvait pas voir Dieu face à face : « Tu ne peux pas voir ma face, car l'homme ne peut me voir et vivre ». Moïse n'a eu qu'une révélation partielle et limitée de Dieu, car il n'était pas encore prêt pour la pleine révélation de Dieu. Mais en Jésus-Christ, nous avons la **révélation complète de Dieu**. Dans Jean 1, 18, il est écrit : « Personne n'a jamais vu Dieu ; le Fils unique, qui est dans le sein du Père, lui, l'a fait connaître ». Jésus, en tant que Dieu incarné, nous révèle pleinement le Père. Il ne nous montre pas seulement les œuvres de Dieu, mais Il nous montre Dieu Lui-même, dans Sa personne, Sa grâce et Sa vérité. **Jésus est le Moïse qui dépasse Moïse**, car Il nous conduit non seulement dans une liberté extérieure, mais dans une relation intime et éternelle avec Dieu.

En tant que **Nouveau Moïse**, Jésus ne se contente pas de libérer un peuple d'une oppression politique, mais Il libère l'humanité tout entière du péché et de la mort. Par Sa vie, Sa mort et Sa résurrection, Jésus inaugure une nouvelle ère, marquée par la rédemption et la réconciliation avec Dieu. Il est le **Vrai Libérateur**, Celui qui délivre non seulement les Israélites, mais tous ceux qui croient en Lui, des chaînes spirituelles du péché. Jésus, en accomplissant les préfigurations de Moïse, ne détruit pas l'histoire de l'Ancien Testament, mais la remplit et la porte à son accomplissement. Moïse, en tant que libérateur et médiateur de la loi, était un type de ce qui devait venir ; Jésus, le Nouveau Moïse, devient le **Médiateur de la Nouvelle Alliance**, qui apporte une rédemption parfaite et éternelle.

Jésus, le **Nouveau Moïse**, ne se contente pas de reproduire ce que Moïse a accompli. Il **accomplit** et **superpose** la mission de Moïse de manière plus profonde et plus universelle. Tandis que Moïse a libéré Israël de l'esclavage physique en Égypte, Jésus nous libère de l'esclavage du péché et de la mort. Jésus n'est pas seulement un libérateur, mais le **Médiateur d'une nouvelle alliance**, nous apportant la réconciliation totale avec Dieu par Son sacrifice.

LE SERPENT D'AIRAIN ÉRIGE PAR MOÏSE AU DESERT

L'épisode du serpent d'airain, décrit dans le livre des Nombres, est un moment clé dans l'histoire du peuple d'Israël pendant leur voyage dans le désert. Après leur sortie d'Égypte, les Israélites errent dans le désert en direction de la Terre promise. Leur voyage est marqué par des murmures et des rébellions contre Dieu et Moïse. Ce mécontentement, alimenté par les difficultés du chemin, entraîne une série de conséquences spirituelles et physiques. Dans Nombres 21, 4 - 5, les Israélites, frustrés par leur situation, commencent à se plaindre : « Pourquoi nous as-tu fait monter d'Égypte pour nous faire mourir dans ce désert ? ». Leur ingratitude et leur rébellion entraînent la colère de Dieu, qui envoie des serpents venimeux parmi le peuple. Les morsures de ces serpents causent la mort de plusieurs d'entre eux, ce qui amène le peuple à reconnaître son péché. Confrontés à la gravité de la situation, les Israélites viennent à Moïse, lui demandant d'intercéder pour eux afin que Dieu éloigne les serpents. Moïse, fidèle à son rôle de médiateur, prêche le repentir et se tourne vers Dieu pour obtenir de l'aide. Dieu, dans sa miséricorde, offre une solution plutôt inattendue.

Dieu ordonne à Moïse de fabriquer un serpent d'airain et de l'élever sur une perche. Tous ceux qui sont mordus par un serpent peuvent regarder le serpent d'airain et vivre (Nombres 21, 8 - 9). Ce commandement simple mais puissant illustre la foi nécessaire pour recevoir la guérison. Le regard sur le serpent devient un acte de confiance en la promesse de Dieu. Le serpent d'airain est riche en symbolisme. Il représente le péché et la malédiction, mais aussi la guérison et la rédemption. En élevant le serpent, Moïse préfigure la croix, où Jésus, lui aussi, serait élevé pour porter le péché du monde. Comme il est écrit dans Jean 3, 14 - 15 : « De même que Moïse éleva le serpent dans le désert, il faut que le Fils de l'homme soit élevé, afin que quiconque croit en lui ait la vie éternelle ». Cet événement souligne l'importance de la foi. Les Israélites devaient croire en la promesse de Dieu et regarder le serpent d'airain pour être sauvés. Ce concept est central dans la foi chrétienne : croire en Jésus et en son sacrifice pour la rédemption. La simple action de regarder devient un symbole de la foi active qui conduit à la guérison et au salut. Bien que le serpent d'airain ait servi de moyen de guérison, il finit par devenir un objet de culte, ce qui montre la tendance humaine à idolâtrer des symboles au lieu de se concentrer sur leur signification. Plus tard, le roi Ézéchias détruit ce serpent, reconnaissant qu'il était devenu un obstacle à l'adoration de Dieu (2 Rois 18, 4).

L'histoire du serpent d'airain érigé par Moïse est une puissante leçon sur le péché, la repentance, la foi et la rédemption. Elle préfigure le sacrifice de Jésus-Christ, élevé sur la croix pour notre salut. En regardant à lui avec foi, nous trouvons la guérison et la vie éternelle. Ce chapitre nous appelle à fixer notre regard sur le Christ, le véritable serpent d'airain, et à placer notre confiance en lui pour la rédemption et la guérison spirituelle. Ainsi, même dans nos épreuves, nous pouvons nous tourner vers Dieu et recevoir sa miséricorde.

LE SACRIFICATEUR SELON L'ORDRE DE MELCHISEDEK

Dans l'Ancien Testament, il existe des figures mystérieuses et profondes qui préfigurent des aspects de la mission de Jésus-Christ. L'une des plus fascinantes et les plus significatives est Melchisédek, une figure énigmatique qui apparaît brièvement dans Genèse 14. Bien que son rôle dans l'histoire d'Israël soit minimal, il est révélé dans le Nouveau Testament comme un type de Christ, en particulier dans la lettre aux Hébreux, où Jésus est décrit comme étant **le Sacrificateur selon l'ordre de Melchisédek.**

Melchisédek est une figure qui apparaît dans Genèse 14:18-20, après la victoire d'Abraham sur les rois qui avaient enlevé son neveu Lot. Lors de ce retour triomphal, Melchisédek, roi de Salem (traditionnellement identifiée à Jérusalem), s'approche d'Abraham et lui apporte du pain et du vin. Il bénit Abraham en ces termes :

« Béni soit Abram par le Dieu Très-Haut, Créateur du ciel et de la terre ! Et béni soit le Dieu Très-Haut, qui a livré tes ennemis entre tes mains ! » (Genèse 14, 19 - 20).

Melchisédek bénit Abraham au nom de Dieu, et Abraham, en réponse, lui donne une dîme (dix pour cent) de tout ce qu'il a pris lors de sa victoire. Ce geste marque une relation de reconnaissance spirituelle et symbolise la relation entre Dieu et Son peuple. Melchisédek est un roi et un prêtre, une combinaison qui fait de lui une figure exceptionnelle, car il n'y a pas de mention d'une lignée sacerdotale, contrairement aux prêtres d'Israël qui étaient issus de la lignée d'Aaron.

L'absence de détail sur ses origines et sa fin de vie, ainsi que la combinaison de ses fonctions royales et sacerdotales, soulignent son caractère unique et mystérieux. Ce silence dans les Écritures sur ses antécédents et sa descendance conduit à son utilisation comme figure préfigurant Jésus-Christ dans le Nouveau Testament.

Dans Hébreux 7, l'auteur développe cette comparaison entre Jésus et Melchisédek, montrant que Jésus, bien qu'Il ne soit pas issu de la lignée sacerdotale d'Aaron, est le **Sacrificateur parfait** selon un ordre supérieur, celui de Melchisédek :

1. Dans Hébreux 7, 3, il est écrit que Melchisédek « est semblable au Fils de Dieu, il demeure prêtre à perpétuité ». Ce verset est crucial car il souligne la nature éternelle de la prêtrise de Melchisédek, une caractéristique que l'auteur des Hébreux applique directement à Jésus-Christ. Alors que les prêtres de l'Ancien Testament étaient temporaires, succédaient les uns aux autres et mouraient, Jésus est **le Prêtre éternel**, dont le sacerdoce ne prend jamais fin. L'auteur des Hébreux explique que le sacerdoce de Melchisédek n'a pas de commencement ni de fin, ce qui fait écho à l'éternité du sacerdoce de Jésus. Contrairement aux prêtres selon l'ordre d'Aaron, Jésus est **le Prêtre pour toujours** (voir Hébreux 7, 24 - 25), Son sacerdoce est donc parfait et inaltérable. Jésus, par Sa résurrection, est immortel, et Son rôle sacerdotal est permanent. Il est à la fois le Prêtre qui offre le sacrifice et l'Agneau sacrifié, une double fonction qui montre l'ampleur de son ministère rédempteur.

2. Melchisédek, en tant que prêtre et roi, préfigure la double fonction de Jésus en tant que **Roi et Prêtre**. Alors que Melchisédek a béni Abraham, Jésus est Celui qui bénit l'humanité en offrant Son propre sacrifice pour le salut du monde. Dans Hébreux 7, 27, il est dit de Jésus : « Il n'a pas besoin, comme les autres grands prêtres, d'offrir chaque jour des sacrifices, d'abord pour ses propres péchés, puis pour ceux du peuple ; car cela, Il l'a fait une fois pour toutes, lorsqu'Il s'est offert Lui-même ». Jésus, par son sacrifice parfait, agit en tant qu'intercesseur unique entre Dieu et les hommes, ce que

les prêtres terrestres ne pouvaient faire que de manière temporaire et répétée.

3. L'auteur des Hébreux compare la prêtrise de Melchisédek à celle d'Aaron, soulignant que l'ordre de Melchisédek est supérieur à celui d'Aaron (voir Hébreux 7, 11 - 17). Le sacerdoce selon l'ordre de Melchisédek n'est pas basé sur une lignée généalogique, comme c'était le cas pour les prêtres d'Israël, mais il est **fondé sur la justice et la grâce**. Le rôle sacerdotal de Jésus n'est pas lié à des sacrifices répétitifs, mais à **Son propre sacrifice unique**, qui est à la fois **l'Agneau immolé** et **le Prêtre qui s'offre** pour le pardon des péchés.

La supériorité de Jésus par rapport aux prêtres de l'Ancien Testament est donc soulignée par cette dimension unique de Son sacerdoce. Jésus, en tant que prêtre selon l'ordre de Melchisédek, n'a pas besoin de sacrifices répétés, car Son sacrifice sur la croix est suffisant, complet et éternel.

Le nom même de Melchisédek est porteur de signification. En Genèse 14, 18, il est appelé « Melchisédek, roi de Salem », ce qui peut être traduit par « Roi de paix » (le mot « Salem » venant de la racine hébraïque « Shalom », signifiant paix). Cette image de « Roi de paix » est profondément symbolique et préfigure Jésus-Christ, le **Prince de la paix**, décrit dans Ésaïe 9, 6. Jésus est Celui qui, par Son sacrifice, réconcilie l'humanité avec Dieu, apportant la paix divine là où il y avait auparavant séparation et hostilité. En tant que « Roi de justice », Melchisédek représente aussi **la justice parfaite** de Christ. Jésus est **le Juste** par excellence, Celui qui, par Sa mort, satisfait pleinement la justice divine. Romains 3, 26 déclare que Dieu, en Jésus-Christ, montre Sa justice en offrant un salut par la foi, rendant ainsi possible la justification des pécheurs. Jésus est à la fois le Roi et le Prêtre, celui qui gouverne avec justice et apporte la paix par Son sacrifice.

L'une des caractéristiques marquantes de la prêtrise de Melchisédek est son caractère « **unique** » et « **universel** ». Contrairement aux sacrifices sous l'Ancienne Alliance qui étaient limités à Israël, Jésus, le Sacrificateur selon l'ordre de Melchisédek, n'est pas seulement pour un peuple spécifique, mais pour l'humanité entière. Son sacrifice est parfait, non seulement parce qu'il est une fois pour toutes, mais aussi parce qu'il transcende les limitations du sacerdoce lévitique. Dans Hébreux 9, 12, l'auteur dit que Jésus, en entrant dans le sanctuaire céleste avec Son propre sang, a obtenu « une rédemption éternelle ». Ce sacrifice, effectué une fois pour toutes, est suffisant pour purifier les consciences des péchés et réconcilier les croyants avec Dieu, ouvrant ainsi la voie de la vie éternelle.

Jésus-Christ, en tant que Sacrificateur selon l'ordre de Melchisédek, incarne l'accomplissement de toutes les figures sacerdotales de l'Ancien Testament. Tandis que Melchisédek était une figure mystérieuse et majestueuse, Jésus est Celui qui, par Son sacrifice unique, a ouvert la voie de la réconciliation définitive entre Dieu et l'humanité. Sa prêtrise est parfaite, éternelle et universelle. Contrairement aux anciens prêtres, Jésus ne fait pas de sacrifices répétés, mais **Il s'est offert Lui-même**, une fois pour toutes, pour le salut de ceux qui croient en Lui. En Jésus, nous trouvons un **Prêtre Roi** qui apporte la paix et la justice, un médiateur parfait qui nous réconcilie avec Dieu et qui intercède pour nous à jamais. Par Son sacrifice, Il a inauguré un sacerdoce éternel, selon l'ordre de Melchisédek, qui demeure en vigueur pour l'éternité.

L'histoire de Gédéon et de l'idole de Baal est une illustration puissante de la lutte entre la fidélité à Dieu et l'influence des idoles dans le monde. À cette époque, le peuple d'Israël est sous l'oppression des Madianites en raison de sa désobéissance et de son adoration des idoles. La présence de Baal, un dieu cananéen, a corrompu le cœur du peuple, entraînant une rupture de la relation avec le vrai Dieu. C'est dans ce contexte que Dieu choisit Gédéon pour délivrer Israël.

L'ange du Seigneur apparaît à Gédéon alors qu'il bat le blé en cachette, craignant les Madianites. Il lui dit : « Va, avec la force que tu as, et délivre Israël de la main des Madianites » (Juges 6, 14). Gédéon, d'abord hésitant, exprime ses doutes sur son identité et sa capacité. Cependant, Dieu lui assure sa présence et sa force. Avant de mener Israël à la bataille, Dieu ordonne à Gédéon de renverser l'autel de Baal et de couper le poteau sacré dédié à Astarté, la déesse de la fertilité. Cette mission audacieuse est essentielle pour restaurer la fidélité d'Israël envers le Seigneur. Gédéon, craignant les conséquences, agit de nuit avec l'aide de quelques serviteurs. La nuit venue, Gédéon obéit à Dieu et détruit l'autel de Baal. Au matin, les habitants de la ville découvrent l'autel renversé et sont en colère. Ils exigent que Gédéon soit amené pour être puni. Ce moment de confrontation souligne les tensions entre la foi en Dieu et la culture idolatrique dominante.

Lorsque les hommes de la ville se retournent contre Gédéon, son père, Joas, défend son fils en déclarant que si Baal est un vrai dieu, il peut se défendre lui-même. Cette réponse souligne l'absurdité de l'idolâtrie et invite le peuple à réfléchir sur la véritable nature de leur foi. Le courage de Gédéon, soutenu par son père, marque un tournant décisif dans la lutte contre l'idolâtrie. Après avoir renversé l'autel de Baal, Gédéon rassemble le peuple d'Israël pour lutter contre les Madianites. Avec une armée réduite de seulement 300 hommes, il remporte une victoire éclatante grâce à la stratégie divine et à la puissance de Dieu (Juges 7). Cette victoire prouve que la force d'Israël ne réside pas dans les chiffres, mais dans la foi en Dieu.

L'événement de l'idole renversée est un puissant symbole de la nécessité de purger l'idolâtrie de nos vies. Il rappelle que les idoles modernes peuvent prendre de nombreuses formes — la richesse, le pouvoir, le statut — et qu'elles peuvent nous détourner de notre engagement envers Dieu. Comme Gédéon, nous sommes appelés à renverser ces idoles et à rétablir notre adoration pour le Seigneur. L'histoire de Gédéon et de l'idole de Baal nous enseigne l'importance de la foi, du courage et de l'obéissance à la parole de Dieu. En renversant l'autel de Baal, Gédéon a non seulement restauré la foi du peuple d'Israël, mais a aussi montré que Dieu est plus puissant que toute idole. Nous sommes invités à examiner nos propres vies et à identifier les idoles qui pourraient nous éloigner de Dieu. En faisant le choix de renverser ces idoles, nous affirmons notre confiance en Lui et notre désir de vivre selon sa volonté. C'est par cette fidélité que nous pouvons expérimenter la véritable liberté et la victoire spirituelle.

LA DESTRUCTION DU TEMPLE PAR SAMSON

L'histoire de Samson est marquée par des actes de force et de faiblesse, de triomphe et de tragédie. Samson, juge d'Israël, est né sous une promesse divine. Sa force incroyable, symbole de la présence de Dieu, est liée à son vœu de Nazirite. Malgré son potentiel, sa vie est entachée par des choix imprudents et des relations destructrices, notamment avec Dalila, qui le trahit. Après avoir été séduit par Dalila, Samson révèle le secret de sa force : ses cheveux non coupés, symbole de son engagement envers Dieu. Les Philistins, alors, le capturent, lui font couper les cheveux, et l'aveuglent. Cet acte symbolise la perte de son pouvoir et de son rôle de libérateur d'Israël. Il se retrouve prisonnier, tourné en dérision par ses ennemis.

Les Philistins, célébrant leur victoire sur Samson, organisent un festin dans le temple de Dagon, leur dieu. Ils se moquent de lui, le présentant comme un trophée. Cet événement illustre le mépris des Philistins pour le Dieu d'Israël et leur fausse sécurité en leurs idoles. Dans sa détresse, Samson appelle Dieu à lui redonner la force qu'il avait perdue. Il se tourne vers le Seigneur, reconnaissant son besoin de rédemption. Ce moment de repentance est crucial, car Samson comprend que, même dans sa faiblesse, Dieu peut encore agir à travers lui. Samson demande à être placé entre les colonnes du temple. Il prend appui sur ces colonnes, s'adosse et crie vers Dieu : « Seigneur, souviens-toi de moi ! » (Juges 16, 28). Avec un dernier acte de foi, il pousse sur les colonnes, provoquant l'effondrement du temple. Cet acte est un symbole puissant de la révolte contre l'oppression et un retour à la mission divine de libérer son peuple. L'effondrement du temple entraîne la mort de milliers de Philistins, ainsi que de Samson. Sa mort, bien que tragique, est aussi une victoire. Elle montre que même dans la défaite personnelle, Dieu peut accomplir ses desseins. Samson devient un symbole de sacrifice, offrant sa vie pour la délivrance d'Israël.

L'histoire de Samson nous enseigne des leçons sur la force, la faiblesse, et la rédemption. Samson, avec tous ses défauts, est un instrument de Dieu. Son dernier acte démontre que la force de Dieu peut se manifester même dans les moments de désespoir. Cela nous rappelle que Dieu peut utiliser nos échecs pour réaliser son plan. La destruction de la maison par Samson est un puissant rappel de la lutte entre le bien et le mal, et de la capacité de Dieu à restaurer et à utiliser même ceux qui sont tombés. Nous sommes invités à réfléchir sur notre propre vie, à reconnaître nos faiblesses et à nous tourner vers Dieu pour obtenir force et rédemption. Comme Samson, nous pouvons avoir un impact même dans nos moments les plus sombres, si nous plaçons notre confiance en Dieu et nous tournons vers lui avec un cœur repentant. Par son sacrifice, nous sommes appelés à trouver la véritable force en Christ, qui nous donne la victoire sur le péché et les forces qui nous oppressent.

LE TABERNACLE ET LA PRESENCE DE DIEU PARMI LES HOMMES

Le concept du Tabernacle dans l'Ancien Testament est central pour comprendre la manière dont Dieu choisit de résider parmi Son peuple. Le Tabernacle était le lieu où Dieu manifestait Sa présence de manière visible et tangible pour les Israélites, un lieu de rencontre entre Dieu et l'homme. Cependant, comme beaucoup d'autres éléments de l'Ancien Testament, le Tabernacle est une préfiguration de Jésus-Christ, qui, dans le Nouveau Testament, devient le véritable lieu de la Présence de Dieu parmi les hommes.

Le Tabernacle, décrit principalement dans le livre de l'Exode (Exode 25 - 40), était une tente mobile construite par les Israélites sur ordre de Dieu. Il servait de sanctuaire où Dieu résidait parmi Son peuple pendant leur voyage à travers le désert. C'était un lieu où l'homme pouvait s'approcher de Dieu, bien que de manière limitée, à travers les sacrifices et les rites prescrits par la loi. À l'intérieur du Tabernacle, la Shekhinah, la gloire manifeste de Dieu, résidait sous la forme d'une nuée brillante, que Moïse et le peuple pouvaient voir (Exode 40, 34 - 38).

Le Tabernacle était divisé en plusieurs sections :

- **Le Lieu Saint** : C'était l'endroit où les prêtres accomplissaient leurs sacrifices et offraient de l'encens.
- **Le Saint des Saints** : C'était le lieu le plus sacré du Tabernacle, où se trouvait l'Arche de l'Alliance, symbole de la présence divine. Seul le grand prêtre y entrait une fois par an, pour offrir un sacrifice pour les péchés du peuple.

Le Tabernacle, bien que porteur de la présence de Dieu, était limité par le fait que l'accès à Dieu était restreint, symbolisant la séparation entre Dieu et l'homme à cause du péché.

Dans le Nouveau Testament, Jésus-Christ est présenté comme le véritable Tabernacle, non pas un lieu de rencontre statique, mais **le Lieu vivant** où la présence de Dieu réside pleinement et de manière accessible à tous ceux qui croient en Lui. Le rôle du Tabernacle dans l'Ancien Testament trouve son accomplissement en Jésus, qui vient « tabernacler » parmi nous :

1. Le passage clé pour comprendre cette relation est Jean 1, 14, qui déclare : « Et le Verbe s'est fait chair, et Il a habité parmi nous ». Le mot grec utilisé ici pour « habiter » est **« eskenosen »**, qui signifie littéralement « Il a planté Sa tente parmi nous ». Ce terme fait un lien direct avec le Tabernacle, qui était littéralement une tente dans laquelle Dieu résidait au milieu de Son peuple. Jésus, en venant sur Terre dans un corps humain, devient ainsi **le Tabernacle vivant**, le lieu où la gloire de Dieu se manifeste pleinement, non plus dans une tente de péchés, mais dans un homme parfait.

   Ce passage de l'Évangile de Jean souligne que, contrairement au Tabernacle de l'Ancien Testament, qui était un lieu physique où la présence de Dieu résidait temporairement, Jésus est la **présence de Dieu incarnée** parmi nous de manière permanente. En Jésus, nous avons l'accès direct à la gloire de Dieu, sans avoir besoin de médiation par un grand prêtre ou des sacrifices d'animaux.

2. Jésus, tout au long de Son ministère terrestre, **révèle** la nature de Dieu d'une manière que le Tabernacle et les rites sacrificiels de l'Ancien Testament ne pouvaient pas accomplir. Dans Jean 14, 9, Jésus déclare à Philippe : « Qui m'a vu a vu le Père ». Jésus incarne parfaitement la **présence de Dieu** et devient l'accès direct à Dieu le Père. Comme le Tabernacle abritait la gloire de Dieu, Jésus est la **manifestation vivante de cette gloire**.

Dans Hébreux 9, 11 - 12, il est écrit que Jésus est le Grand Prêtre qui est entré une fois pour toutes dans le sanctuaire céleste, en offrant Son propre sang pour purifier les péchés, rendant ainsi l'accès à la présence de Dieu ouvert à tous. Jésus est donc non seulement le Tabernacle qui rend la présence de Dieu accessible, mais aussi Celui qui a permis que cette relation soit restaurée pour toujours par Son sacrifice.

Le Tabernacle n'était pas seulement un lieu de la présence de Dieu ; c'était également un lieu de sacrifice et de purification. Les Israélites y offraient des sacrifices pour leurs péchés, et le grand prêtre entrait dans le Saint des Saints une fois par an pour faire l'expiation des péchés du peuple, avec le sang d'un animal sacrifié. Cependant, ces sacrifices étaient provisoires et ne pouvaient pas apporter une purification éternelle.

En Hébreux 10, 1 - 4, il est dit que « la loi n'a rien amené de parfait », et que les sacrifices étaient répétés chaque année sans jamais pouvoir éliminer complètement les péchés. Cependant, Jésus, en tant que Tabernacle vivant, s'est offert Lui-même comme le sacrifice parfait pour le péché. Il n'a pas seulement apporté des sacrifices d'animaux, mais **Son propre corps** et **Son propre sang** pour le pardon des péchés.

« Il est entré une fois pour toutes dans le sanctuaire, non pas avec le sang de boucs et de veaux, mais avec Son propre sang, ayant obtenu une rédemption éternelle » (Hébreux 9, 12).

Le sacrifice de Jésus, contrairement aux sacrifices du Tabernacle, est **parfait et suffisant** pour tous les péchés, et Il est l'accomplissement des sacrifices prescrits dans l'Ancien Testament. Par Sa mort, Jésus ouvre **le Saint des Saints céleste** et nous donne un accès direct à la présence de Dieu.

Dans l'Ancien Testament, le Tabernacle et plus tard le Temple de Jérusalem étaient les lieux de la présence de Dieu parmi Son peuple. Cependant, après la crucifixion de Jésus, le rideau du Temple se déchire de haut en bas, symbolisant la fin de l'ancienne manière de se rapprocher de Dieu par les sacrifices et les rites du Temple (Matthieu 27, 51). Jésus, en tant que Tabernacle vivant, devient **le**

Temple vivant dans lequel la présence de Dieu réside de façon permanente. Dans Jean 2, 19 - 21, Jésus déclare : « Détruisez ce temple, et en trois jours je le relèverai. » Les Juifs pensaient qu'Il parlait du Temple de Jérusalem, mais en réalité, Jésus faisait référence à Son propre corps, le véritable Temple où Dieu habite. Ce n'est plus un lieu physique comme le Tabernacle ou le Temple, mais une personne : Jésus, qui incarne pleinement la présence de Dieu parmi les hommes.

Le Tabernacle était un lieu où Dieu résidait parmi Son peuple de manière visible, mais sous l'ancienne alliance, l'accès à cette présence était limité. Cependant, Jésus a inauguré une nouvelle manière de vivre la présence de Dieu. Non seulement Jésus est le Tabernacle vivant, mais il promet également que, par le Saint-Esprit, la présence de Dieu habite désormais en nous. Dans Jean 14, 17, Jésus promet à Ses disciples que l'Esprit de vérité demeurera avec eux et en eux. Cela signifie que, par la foi en Jésus-Christ, chaque croyant devient, à son tour, un **temple du Saint-Esprit** (1 Corinthiens 6, 19). De même que le Tabernacle représentait la résidence de Dieu parmi les Israélites, maintenant, Jésus, par le Saint-Esprit, fait résider la présence de Dieu dans le cœur de ceux qui croient en Lui.

Jésus-Christ, en tant que Tabernacle vivant, accomplit tout ce que le Tabernacle et le Temple de l'Ancien Testament symbolisaient. Il est la Présence de Dieu parmi les hommes, le sacrifice parfait pour le péché, et le chemin d'accès direct à Dieu le Père. Par Lui, nous avons désormais une relation personnelle avec Dieu, non pas limitée par des rites ou des lieux, mais rendue possible grâce à Son sacrifice et à la présence du Saint-Esprit en nous. Jésus, le véritable Tabernacle, nous invite à entrer dans la présence de Dieu, aujourd'hui et pour l'éternité.

LE ROI DAVID

L'Ancien Testament regorge de figures qui, par leurs actions, leurs rôles et leurs promesses, annoncent l'arrivée du Messie. L'une des plus significatives de ces figures est David, le roi d'Israël, un homme selon le cœur de Dieu (1 Samuel 13, 14). David n'a pas seulement joué un rôle politique et militaire central dans l'histoire d'Israël, mais il a aussi été un type du Messie à venir, Jésus-Christ. David, le deuxième roi d'Israël, succéda à Saül, dont le règne fut marqué par l'échec à suivre la volonté de Dieu. En revanche, David est décrit dans la Bible comme **un homme selon le cœur de Dieu**, un roi qui, bien qu'imparfait et pécheur, recherchait constamment la volonté de Dieu pour son peuple. Dieu fit de lui une promesse exceptionnelle dans 2 Samuel 7, 16, déclarant que sa maison et son royaume seraient établis pour l'éternité :

« Ta maison et ton royaume seront fermement établis pour toujours devant toi ; ton trône sera affermi pour toujours. »

Cette promesse de Dieu à David, qui concerne un roi éternel et une descendance royale, est l'un des éléments clés du Messie attendu. Le Fils de David serait celui qui viendrait régner sur un royaume sans fin, réalisant ainsi les aspirations spirituelles du peuple d'Israël. Cette promesse allait se réaliser, non seulement de manière politique, mais aussi spirituelle à travers la personne de Jésus-Christ.

Dans le Nouveau Testament, Jésus est fréquemment appelé **le Fils de David**, un titre messianique qui renvoie directement à la promesse de Dieu faite à David. Jésus, bien qu'ayant vécu dans un contexte romain et dominé par un autre pouvoir, est proclamé comme le Messie d'Israël, celui qui est venu pour accomplir la promesse du royaume éternel de David. Voici quelques éléments clés qui montrent comment Jésus remplit cette fonction royale :

1. Le Livre de Matthieu commence par une généalogie détaillant l'ascendance de Jésus, et le met en relation directe avec David. Dans Matthieu 1, 1, il est écrit : « Livre de la généalogie de Jésus-Christ, Fils de David, Fils d'Abraham ». Cette généalogie établit clairement la légitimité de Jésus en tant qu'héritier du trône de David. Bien que Jésus ne soit pas un roi terrestre au sens classique, Sa lignée biologique et royale est un gage que les promesses faites à David sont sur le point de se réaliser. En tant que descendant de David, Jésus incarne la continuité du royaume promis par Dieu.

2. À plusieurs occasions, Jésus est acclamé par le peuple comme le **Fils de David**, en particulier lors de Son entrée triomphale à Jérusalem, où les foules le saluent avec des acclamations messianiques : « Hosanna au Fils de David ! Béni soit Celui qui vient au nom du Seigneur ! » (Matthieu 21, 9). Ce cri, prononcé lors de l'entrée à Jérusalem avant Sa crucifixion, fait écho à la figure royale de David. Les gens attendaient un Messie politique qui, comme David, les libérerait de l'oppression et rétablirait un royaume terrestre. Toutefois, Jésus, tout en acceptant ce titre de « Fils de David », réinvente ce concept de royauté. Son règne n'est pas terrestre, mais spirituel et éternel, marquant l'établissement d'un royaume de justice et de paix.

L'une des promesses les plus significatives faites à David par Dieu dans 2 Samuel 7, 16 est celle d'un royaume éternel. Jésus ne se contente pas de réaliser une victoire militaire ou politique comme David l'avait fait. Il inaugure un royaume spirituel et universel qui dure pour l'éternité :

1. Jésus, par Sa mort et Sa résurrection, devient le Roi de ce royaume éternel, un royaume non pas limité à Israël, mais ouvert à toutes les nations. Dans Luc 1, 32 - 33, l'ange annonce à Marie : « Il régnera sur la maison de Jacob éternellement, et Son règne n'aura pas de fin ». Jésus, Fils de David, règne non seulement sur Israël, mais sur tous les croyants, établissant un royaume

spirituel qui est inauguré dès ici-bas, avec une perspective de plénitude à venir lorsque le royaume de Dieu sera pleinement manifesté dans les cieux.

2. David, dans ses batailles contre les ennemis d'Israël, a été un roi militaire et conquérant. Jésus, par contre, vient instaurer un règne de paix, de guérison et de réconciliation. Les prophéties de l'Ancien Testament concernant le Messie insistent sur cette dimension de **paix universelle** et de **justice parfaite**. Dans Esaïe 9, 6 - 7, qui est une prophétie messianique, on lit : « Car un enfant nous est né, un Fils nous est donné ; et l'on portera Son nom : Admirable, Conseiller, Dieu puissant, Père éternel, Prince de la paix. […] Il étendra son empire, et une paix sans fin régnera sur le trône de David et sur son royaume, pour l'affermir et pour le soutenir par le droit et par la justice, dès maintenant et à jamais ». Jésus accomplit cette prophétie non pas en instaurer un royaume terrestre, mais en offrant à Ses disciples une paix profonde et durable, une paix qui est le fruit de la réconciliation avec Dieu par le Christ.

L'une des fonctions les plus significatives de David fut de préparer le terrain pour la construction du Temple de Dieu, bien que ce fût son fils Salomon qui en fût le bâtisseur. David, en tant que roi de la lignée royale, a marqué un tournant en préparant les matériaux et en organisant les ressources nécessaires pour construire une maison pour Dieu à Jérusalem (1 Chroniques 22, 1 - 19). Jésus, cependant, remplace le Temple et devient Lui-même le vrai Temple (Jean 2, 19 - 21). Jésus, en tant que Fils de David, inaugure une nouvelle ère de communion avec Dieu, non pas dans un lieu physique, mais dans un temple spirituel : Son propre corps. Jésus est le véritable temple où Dieu réside, et tous ceux qui croient en Lui sont invités à faire partie de ce temple vivant.

Jésus, Fils de David, est donc bien plus qu'un simple roi humain descendant de la lignée de David. Il est le Roi des rois, dont le règne est spirituel et éternel. Son royaume est celui de la vérité, de la rédemption et de la transformation. Jésus apporte la guérison des nations, la justice divine, et une paix qui dépasse toute compréhension humaine. Son règne est déjà inauguré dans les cœurs de Ses disciples, mais il sera pleinement manifeste à la fin des temps, lorsque Jésus reviendra pour établir Son royaume en toute plénitude. En cela, Jésus est à la fois le Fils de David, celui qui accomplit les promesses de Dieu faites à David, et le Roi des cieux, qui régnera éternellement dans la gloire de Dieu.

Jésus, en tant que **Fils de David**, incarne la réalisation parfaite de la promesse d'un royaume éternel. Bien que David ait été un roi terrestre qui a établi le royaume d'Israël, Jésus inaugure un royaume spirituel qui transcende les frontières d'Israël et s'étend à toutes les nations. Son règne est marqué par la paix, la justice et la réconciliation, et il nous invite à être participants de Son royaume dès ici-bas, en attendant Sa gloire éternelle. Le Messie promis, Fils de David, n'est pas seulement un héritier politique, mais un **Roi spirituel** qui régnera pour l'éternité.

L'Ancien Testament contient de nombreuses prophéties qui annoncent l'arrivée du Messie, mais l'une des plus saisissantes et profondes est celle du Serviteur souffrant, décrite dans le livre du prophète Esaïe. Ces passages, notamment dans Esaïe 52, 13 à 53, 12, décrivent un serviteur de Dieu qui souffrira énormément pour le bien du peuple, portant les péchés des autres et offrant Sa vie en sacrifice pour réconcilier l'humanité avec Dieu. Ce mystère de souffrance et de sacrifice est parfaitement accompli en Jésus-Christ, qui se révèle comme le Serviteur souffrant par excellence.

Les passages d'Esaïe 52, 13 à 53, 12, souvent appelés le **Cantique du Serviteur souffrant**, sont parmi les plus célèbres et les plus énigmatiques de l'Ancien Testament. Ce Serviteur est décrit comme un personnage mystérieux qui subira des souffrances terribles, rejeté par son propre peuple, mais qui, par sa souffrance, accomplira l'œuvre de rédemption pour beaucoup :

1. Esaïe commence par décrire le Serviteur comme élevé et glorifié, mais aussi comme quelqu'un qui sera méprisé et rejeté (Esaïe 53, 3). Le contraste est frappant : celui qui est destiné à être glorifié est aussi celui qui sera rejeté, haï et souffrira pour le salut du monde : « Il n'avait ni beauté ni éclat pour attirer nos regards, et son aspect n'avait rien pour nous plaire ». (Esaïe 53, 2). Ce passage, qui met l'accent sur la nature humble et souffrante du Serviteur, évoque la manière dont Jésus, bien qu'il fût le Fils de Dieu, vécut une vie de rejet et de souffrance sur Terre. Il n'a pas cherché la gloire ou la reconnaissance, mais il a choisi de se faire humblement serviteur de tous, accomplissant ainsi la volonté de Dieu.

2. L'un des éléments les plus frappants de cette prophétie est que le Serviteur souffrant porte les péchés du peuple, subissant la punition qui lui revient.

Dans Esaïe 53, 4 - 6, il est écrit : « Toutefois, ce sont nos souffrances qu'il a portées, c'est de nos douleurs qu'il s'est chargé. Et nous l'avons regardé comme puni, frappé de Dieu et humilié. Mais lui, il était transpercé à cause de nos péchés, écrasé à cause de nos iniquités. Le châtiment qui nous donne la paix est tombé sur lui, et c'est par ses meurtrissures que nous sommes guéris ». Ce passage fait référence à la substitution vicariante du Serviteur, qui souffre pour les péchés d'autrui. Cette souffrance n'est pas inutile ou accidentelle ; elle a une finalité : le salut du peuple. Jésus, qui porte le fardeau du péché du monde sur Lui, devient **l'Agneau de Dieu** qui ôte les péchés du monde (Jean 1, 29).

Le Nouveau Testament montre que Jésus-Christ est l'accomplissement parfait des prophéties d'Esaïe. Il se présente lui-même comme le Serviteur souffrant par excellence, et Sa vie et Son ministère sont marqués par un chemin de souffrance, de rejet et de sacrifice. Chaque aspect de la prophétie d'Esaïe trouve son écho dans la passion de Jésus :

1. Comme l'avait prédit Esaïe, Jésus fut rejeté par Son propre peuple. Bien qu'Il fût venu pour sauver Israël, Il ne fut pas accueilli par ceux qu'Il était venu guérir et restaurer. Dans Jean 1, 11, il est écrit : « Il est venu chez les siens, et les siens ne l'ont pas reçu ». Le rejet de Jésus par les chefs religieux de son époque, leur haine croissante envers Lui et leur décision de Le condamner à la croix accomplissent cette prophétie d'Esaïe, qui décrit un Serviteur rejeté et méprisé.

2. L'un des aspects les plus remarquables de la souffrance du Serviteur d'Esaïe est qu'il porte les péchés du monde. Jésus, dans Sa crucifixion, porte le fardeau des péchés de l'humanité, souffrant non seulement physiquement, mais aussi spirituellement, en étant séparé de Dieu pour la première fois de Son existence. Sur la croix, Jésus s'écrie, citant Psaume 22, qui exprime Son désarroi face à l'abandon de Dieu : « Mon Dieu, mon

Dieu, pourquoi m'as-tu abandonné ? » (Matthieu 27, 46). Cela résonne profondément avec Esaïe 53 5, qui décrit le Serviteur souffrant comme étant transpercé pour nos péchés, écrasé pour nos iniquités. Le sacrifice de Jésus sur la croix est un acte d'amour suprême, où Il prend sur Lui la punition que nous méritions, afin de nous offrir la réconciliation avec Dieu.

3. Dans 1 Pierre 2, 24, l'apôtre Pierre fait référence à Esaïe 53, 5 pour expliquer le sacrifice de Jésus : « Lui-même a porté nos péchés dans Son corps sur le bois, afin que, morts au péché, nous vivions pour la justice. C'est par Ses meurtrissures que vous avez été guéris ». Pierre, en citant cette prophétie, souligne que les souffrances de Jésus ont une dimension rédemptrice. Par Sa mort et ses souffrances, Il apporte non seulement le pardon des péchés, mais aussi la guérison spirituelle et la restauration de la relation avec Dieu. Ce concept de guérison, que l'on trouve dans Esaïe 53, 5, devient une réalité dans l'œuvre de Jésus sur la croix.

Un des thèmes essentiels du Serviteur souffrant d'Esaïe est l'idée d'expiation : la souffrance et la mort de ce Serviteur sont un moyen de réconcilier le peuple avec Dieu. Dans l'Ancien Testament, l'expiation se faisait par des sacrifices d'animaux, mais ces sacrifices étaient insuffisants pour effacer définitivement le péché. Jésus, le Fils de Dieu, en offrant Sa vie en sacrifice, devient le sacrifice parfait qui accomplit la véritable expiation. Dans Hébreux 9, 12, il est dit de Jésus : « Il entra une fois pour toutes dans le sanctuaire, non avec le sang de boucs et de veaux, mais avec Son propre sang, ayant obtenu une rédemption éternelle ». En souffrant et en mourant sur la croix, Jésus expie une fois pour toutes les péchés du monde, accomplissant ainsi la prophétie d'Esaïe, qui annonçait un Serviteur qui porterait le fardeau du péché et apporterait la paix à travers Son sacrifice.

La souffrance du Serviteur souffrant d'Esaïe n'est pas la fin de l'histoire. Esaïe 53 préfigure également la victoire du Serviteur sur la souffrance et la mort. Après avoir décrit les souffrances du Serviteur, Esaïe annonce que Dieu prolongera ses jours et qu'Il verra le fruit de Son sacrifice (Esaïe 53, 10 - 11). Ce fruit est la rédemption de l'humanité. Dans le Nouveau Testament, la résurrection de Jésus est la preuve que la souffrance et la mort n'ont pas eu le dernier mot. Par Sa résurrection, Jésus triomphe de la mort et ouvre la voie à une vie nouvelle pour ceux qui croient en Lui. Il est ainsi **le Serviteur souffrant** qui a porté nos péchés, mais aussi le **Roi vainqueur** qui vit et règne pour l'éternité.

Jésus-Christ, à travers Sa souffrance et Sa mort, incarne pleinement la prophétie du Serviteur souffrant d'Esaïe. Il est le Porteur des péchés du monde, Celui qui offre sa vie en sacrifice pour la réconciliation entre Dieu et l'humanité. Cependant, Sa souffrance n'est pas la fin de l'histoire : par Sa résurrection, Il triomphe de la mort et inaugure un nouveau règne de vie et de paix. Jésus, le Serviteur souffrant, est à la fois notre Rédempteur et notre Roi éternel.

L'Ancien Testament est riche de figures prophétiques qui annoncent le Messie à venir. L'une des figures les plus marquantes et les plus importantes pour le peuple d'Israël est Moïse, un prophète et un leader exceptionnel choisi par Dieu pour libérer Israël de l'esclavage en Égypte et pour établir la Loi. Moïse représente non seulement un libérateur, mais aussi un médiateur entre Dieu et Son peuple, un homme qui, par l'intermédiaire de la Loi, rend possible une relation unique entre Dieu et Israël. Cependant, Moïse lui-même prophétise qu'un jour un autre prophète, semblable à lui, viendrait, celui qui serait un **prophète supérieur** : **le Messie**.

Moïse est sans conteste l'une des figures les plus importantes de l'Ancien Testament. Né dans des circonstances extraordinaires en Égypte, Moïse est choisi par Dieu pour délivrer le peuple d'Israël de l'esclavage égyptien. Son rôle de libérateur et de médiateur entre Dieu et Israël est central dans l'histoire du peuple juif. Dieu lui donne la **Loi**, les **commandements**, et lui ordonne de conduire Israël vers la Terre promise :

1. Dans le Livre de l'Exode, Moïse joue un rôle essentiel en tant que médiateur de l'Alliance entre Dieu et Israël. Après avoir libéré les Israélites de l'esclavage, Moïse monte sur le mont Sinaï pour recevoir les dix commandements de Dieu, qui sont les fondements de la Loi qui régit le peuple d'Israël. Moïse est donc le médiateur de la loi, celui qui représente Israël devant Dieu et transmet à Israël les instructions divines.

2. Dans Deutéronome 18, 15, Moïse fait une prophétie concernant un prophète à venir, qu'il décrit comme étant semblable à lui-même. Ce prophète, cependant, ne sera pas un simple homme, mais celui que Dieu choisira pour accomplir une mission encore plus grande : « L'Éternel, ton Dieu, te

suscitera, du milieu de toi, du sein de tes frères, un prophète comme moi ; vous l'écouterez ». Cette prophétie est une annonce de l'arrivée du Messie, un prophète qui, comme Moïse, délivrera Israël, mais qui ira bien plus loin dans sa mission, non seulement en enseignant la vérité, mais en apportant la rédemption à toute l'humanité. Ce prophète sera **un médiateur parfait**, et son ministère comprendra non seulement la transmission de la parole de Dieu, mais aussi l'accomplissement des promesses de Dieu par un sacrifice ultime.

Dans le Nouveau Testament, Jésus est présenté comme le Prophète annoncé par Moïse, celui qui accomplit pleinement la prophétie de Deutéronome 18, 15. Jésus, tout en étant le Fils de Dieu, se montre aussi comme un prophète humain, mais d'une nature bien plus profonde, révélant Dieu d'une manière nouvelle et parfaite :

1. Le lien entre Moïse et Jésus est évident dès les premières étapes de la vie de Jésus. Tout comme Moïse a été sauvé d'une tentative de massacre (Exode 2, 1 - 10), Jésus, étant enfant, échappe à l'ordre du roi Hérode de tuer tous les nouveau-nés à Bethléem (Matthieu 2, 13 - 15). Ce parallèle marque le début de l'œuvre de Jésus, qui sera tout au long de sa vie un libérateur du peuple de Dieu, tout comme Moïse l'a été. Jésus, comme Moïse, est aussi un enseignant et un médiateur. Moïse a donné la Loi, mais Jésus, en tant que nouveau Moïse, enseigne une Loi nouvelle : celle de l'amour et de la grâce. Dans le Sermon sur la Montagne (Matthieu 5 - 7), Jésus dépasse la Loi de Moïse en enseignant un amour radical, un amour qui va au-delà des commandements écrits, et qui s'adresse non seulement aux actions extérieures mais à l'intention du cœur.

2. Tout comme Moïse a libéré les Israélites de l'esclavage en Égypte, Jésus, en tant que nouveau Moïse, est venu libérer l'humanité du péché et de la mort. Jésus, cependant, n'est pas seulement un libérateur temporaire de

l'esclavage physique, mais un Sauveur éternel qui libère l'humanité de l'emprise du péché et de la séparation de Dieu. Le libérateur de Moïse a conduit Israël vers la Terre promise, mais Jésus conduit Ses disciples à la vie éternelle, dans le Royaume de Dieu. Dans Jean 8, 36, Jésus déclare : « Si donc le Fils vous affranchit, vous serez réellement libres ». Ainsi, Jésus dépasse Moïse dans Sa mission de libération, car Il ne se contente pas de libérer un peuple d'un esclavage temporel, mais Il offre la libération spirituelle pour l'éternité. Moïse a donné la liberté à Israël, mais Jésus donne la liberté à tous ceux qui croient en Lui.

Moïse, en tant que médiateur de l'ancienne Alliance, a joué un rôle clé en apportant la Loi à Israël. Cependant, la Loi, bien que sainte et juste, ne pouvait pas sauver l'humanité du péché. Jésus, en tant que Prophète comme Moïse, devient le médiateur de la Nouvelle Alliance, une Alliance fondée sur la grâce et le sacrifice. Jésus, par Sa mort sur la croix, établit une nouvelle relation entre Dieu et l'humanité, non plus fondée sur l'observance de la Loi, mais sur la foi en Lui et en Son sacrifice. Dans Hébreux 8, 6, l'auteur du Livre des Hébreux explique que Jésus est le médiateur d'une meilleure Alliance, fondée sur des promesses meilleures : « Mais maintenant, Jésus a obtenu un ministère d'autant plus excellent qu'Il est le médiateur d'une alliance plus excellente, fondée sur de meilleures promesses ». Jésus, comme Moïse, est un médiateur entre Dieu et les hommes, mais Il est un médiateur qui inaugure une Alliance parfaite, celle de la grâce et du pardon des péchés, rendue possible par Son sacrifice.

Le rôle de Moïse en tant que prophète était de transmettre la volonté de Dieu à son peuple et de le conduire vers la terre promise. Jésus, bien qu'Il remplisse ce rôle de prophète, va encore plus loin, car Il est la Parole de Dieu incarnée (Jean 1, 1). Moïse a donné la Loi, mais Jésus est le parfait accomplissement de la Loi et la révélation complète de Dieu. Jésus, dans l'Évangile de Jean (Jean 14, 9), déclare : « Qui m'a vu a vu le Père ». Cela signifie que Jésus, en tant que Prophète, ne se contente pas de transmettre des paroles de Dieu, mais Il est la révélation vivante de Dieu Lui-même. Jésus révèle parfaitement le cœur de Dieu à l'humanité, et par Son sacrifice, Il montre l'amour divin de manière ultime.

Moïse a conduit Israël hors d'Égypte vers la Terre promise, mais Jésus, en tant que Nouveau Moïse, accomplit un Exode spirituel. Jésus mène l'humanité hors du royaume du péché et de la mort vers le royaume de Dieu et la vie éternelle. Ce voyage spirituel commence par la foi en Lui et est consommé dans Sa résurrection, qui ouvre les portes de l'éternité pour tous ceux qui croient en Lui. Jésus fait l'expérience d'une forme de nouvel Exode, un exode spirituel, qui apporte la délivrance non seulement à Israël, mais à l'ensemble de l'humanité. Son ministère est une libération totale et éternelle de l'esclavage du péché, un don d'une Terre promise bien plus grande, celle de la vie éternelle avec Dieu.

Jésus, en tant que Nouveau Moïse, accomplit parfaitement la prophétie de Deutéronome 18, 15. Il est à la fois le libérateur, le médiateur, et le Prophète par excellence. Comme Moïse, Jésus a mené Son peuple, mais Il va bien au-delà, en accomplissant une libération spirituelle qui apporte la rédemption à toute l'humanité. Jésus est le Médiateur d'une Nouvelle Alliance, une Alliance fondée sur l'amour, la grâce, et le sacrifice parfait, et Il est le Prophète qui nous révèle pleinement Dieu, non seulement par des paroles, mais par Son propre sacrifice et Sa résurrection. Jésus est le Prophète comme Moïse, mais Il est aussi infiniment plus grand.

Dans l'Ancien Testament, Dieu a nourri le peuple d'Israël durant leur périple dans le désert par un aliment surnaturel appelé la manne, une nourriture miraculeuse qui tombait du ciel chaque jour pour sustenter le peuple (Exode 16). Cette manne, bien que nourrissante, était temporaire et ne pouvait pas satisfaire pleinement les besoins spirituels de l'homme. En contraste, dans le Nouveau Testament, Jésus se révèle comme le Pain de Vie, un don divin supérieur à la manne, un aliment spirituel qui nourrit non seulement le corps, mais aussi l'âme, et qui donne la vie éternelle.

L'histoire de la manne dans l'Ancien Testament est l'une des plus mémorables de l'histoire du peuple d'Israël. Après leur sortie d'Égypte, les Israélites se retrouvent dans le désert, un lieu aride et stérile où la nourriture est rare. Dans cette situation désespérée, Dieu leur fournit la manne, une sorte de pain miraculeux qui tombait du ciel chaque matin (Exode 16). Ce pain était un signe de la provision de Dieu, un rappel constant que Dieu prend soin de Son peuple, même dans les circonstances les plus difficiles. La manne avait toutefois une caractéristique particulière : elle était temporaire. Chaque jour, les Israélites devaient la recueillir, et s'ils en gardaient pour le lendemain, elle se gâtait. Elle satisfaisait les besoins physiques du moment, mais elle n'offrait pas une solution permanente. De plus, la manne ne répondait pas aux besoins spirituels du peuple. Ce **pain céleste** était une préfiguration de ce que Jésus allait offrir à l'humanité, non pas seulement pour nourrir le corps, mais pour nourrir l'âme et offrir la vie éternelle.

Dans le Nouveau Testament, Jésus fait une déclaration qui réinvente et approfondit le concept de la manne. Dans Jean 6, 35, Jésus se présente comme **le Pain de Vie** : « Je suis le pain de vie. Celui qui vient à moi n'aura jamais faim, et celui qui croit en moi n'aura jamais soif ». Ici, Jésus ne parle pas d'un pain physique, mais d'un pain spirituel. Il se déclare la manne céleste par excellence, le don de Dieu qui satisfait non seulement les besoins physiques, mais surtout les besoins spirituels et éternels de l'humanité. Jésus veut enseigner que, tout comme la manne a nourri les Israélites dans le désert, Lui, en tant que Pain de Vie, nourrit l'âme humaine, donnant une vie qui ne se tarit jamais :

1. La manne, bien qu'elle ait soutenu la vie des Israélites, était temporaire et insuffisante pour leur vie éternelle. En revanche, Jésus, en tant que Pain de Vie, offre une vie éternelle et abondante. Il déclare dans Jean 6, 51 : « Je suis le pain vivant qui est descendu du ciel. Si quelqu'un mange de ce pain, il vivra éternellement ». La différence essentielle entre Jésus et la manne est que Jésus donne la vie éternelle à ceux qui croient en Lui. Tandis que la manne satisfaisait une faim temporaire, Jésus offre une nourriture spirituelle qui satisfait le besoin humain le plus profond et qui mène à la vie éternelle, une vie en communion avec Dieu.

2. Jésus, en tant que Pain de Vie, offre une nourriture spirituelle éternelle, en contraste avec la manne, qui devait être recueillie chaque jour et qui se périmait rapidement. Le pain que Jésus offre est une source de vie continue, une relation vivante avec Lui qui ne se termine pas. La foi en Jésus ne se fane ni ne s'épuise ; elle conduit à une vie pleine, abondante et éternelle. Jésus met en lumière cette idée dans Jean 6, 58 : « Ce pain est celui qui est descendu du ciel ; il n'est pas comme celui que vos pères ont mangé et qui est mort ; celui qui mange ce pain vivra éternellement ». Le pain de Jésus est une nourriture spirituelle qui, contrairement à la manne, ne s'use pas et ne perd pas sa valeur avec le temps. Il est immuable et inépuisable.

Jésus, en se déclarant le Pain de Vie, révèle également que Sa mission est de combler le désir spirituel de l'humanité. L'homme ne vit pas seulement de pain matériel, mais de toute parole qui sort de la bouche de Dieu (Matthieu 4, 4). Le besoin humain est bien plus profond que la simple satisfaction physique ;

l'homme cherche un sens, une direction spirituelle, une relation avec Dieu. Jésus, en tant que Pain de Vie, est Celui qui satisfait ces besoins spirituels.

La métaphore du pain est particulièrement puissante, car le pain est un aliment de base dans toutes les cultures. Il est essentiel à la vie quotidienne. De même, Jésus, en tant que Pain de Vie, est essentiel pour la vie spirituelle de l'humanité. Il nourrit notre relation avec Dieu, nous donne accès à Sa présence et à Sa parole. Jésus dit, dans Jean 6, 40 : « Car la volonté de mon Père, c'est que quiconque voit le Fils et croit en Lui ait la vie éternelle, et je le ressusciterai au dernier jour ». Le Pain de Vie est Celui qui, par Sa vie, Sa mort et Sa résurrection, offre à tous ceux qui croient en Lui la possibilité de communiquer avec Dieu et d'entrer dans une vie de relation intime et éternelle avec Lui.

Dans le discours sur le Pain de Vie, Jésus va encore plus loin en introduisant l'idée de la communion. Il parle de manger Son corps et de boire Son sang, une image qui trouve son accomplissement dans le sacrifice de la croix. Dans Jean 6, 53 - 56, Jésus dit : « En vérité, en vérité, je vous le dis, si vous ne mangez la chair du Fils de l'homme et ne buvez Son sang, vous n'avez pas la vie en vous. Celui qui mange ma chair et boit mon sang a la vie éternelle, et je le ressusciterai au dernier jour ». Cette idée est souvent mal comprise, mais elle fait référence à la participation spirituelle et à la communion intime avec Jésus par la foi. En mangeant Son corps et en buvant Son sang, nous acceptons Son sacrifice pour nous sur la croix et nous entrons dans une union profonde avec Lui. Le Pain de Vie n'est pas simplement une nourriture symbolique, mais une réalité spirituelle : la vie de Jésus en nous, qui nous transforme et nous renouvelle.

Le repas du Seigneur ou la Cène, dans laquelle les chrétiens mangent le pain et boivent le vin, est une pratique qui symbolise cette participation à la vie de Jésus, une manière de se nourrir spirituellement de Sa présence.

Jésus déclare également qu'en mangeant le Pain de Vie, le croyant reçoit la promesse de la résurrection à la fin des temps. Ce pain ne mène pas seulement à une vie spirituelle abondante ici et maintenant, mais il conduit également à la résurrection et à la vie éternelle. Jésus dit dans Jean 6, 54 : « Celui qui mange ma chair et boit mon sang a la vie éternelle, et je le ressusciterai au dernier jour ». La promesse de la résurrection est le couronnement de cette promesse de vie éternelle. En croyant en Jésus et en Le recevant comme le Pain de Vie, le croyant est garanti de participer à la vie éternelle, même après la mort.

Jésus, en tant que Pain de Vie, offre à l'humanité bien plus que la simple nourriture physique. Il est la nourriture spirituelle qui satisfait les besoins profonds de l'âme humaine, donne la vie éternelle, et ouvre la voie à une communion intime avec Dieu. Le Pain de Vie de Jésus est permanent, complet, et parfait, répondant à la quête de sens et de rédemption que tout être humain porte en lui. Accepter Jésus comme le Pain de Vie, c'est accepter Son sacrifice pour nous, et vivre dans une relation vivante et nourrissante avec Lui, aujourd'hui et pour l'éternité. Jésus est Celui qui répond à la faim la plus profonde de l'homme : la soif de Dieu et de vie éternelle.

LE SACRIFICE DE YOM KIPPOUR

Le livre de l'Ancien Testament présente des sacrifices réguliers et un système de rites destinés à purifier le peuple d'Israël de ses péchés. L'un des moments les plus sacrés et les plus significatifs dans le calendrier juif est Yom Kippour, le Jour du Grand Pardon, où le peuple cherche la purification et la réconciliation avec Dieu à travers un sacrifice particulier. Dans ce thème, nous examinons comment Jésus, par Sa mort sur la croix, devient **le Sacrifice parfait de Yom Kippour**, accomplissant ainsi pleinement ce que les sacrifices d'animaux n'ont pu faire. Jésus n'est pas seulement un sacrifice pour les péchés d'Israël, mais pour l'humanité tout entière. Il prend sur Lui les péchés du monde, offre Son corps en sacrifice et, par Son sang, ouvre le chemin de la réconciliation éternelle entre Dieu et l'humanité.

Yom Kippour, le Jour du Grand Pardon, est célébré le dixième jour du mois de Tishri, dans le calendrier hébraïque. Il est considéré comme le jour le plus saint de l'année. Ce jour-là, le souverain sacrificateur d'Israël accomplissait un acte solennel en entrant dans le Saint des Saints, la partie la plus sacrée du Tabernacle, ou plus tard du Temple de Jérusalem. Là, il faisait l'aspersion du sang d'un sacrifice sur l'autel pour expier les péchés de tout le peuple :

1. Une des caractéristiques les plus frappantes de Yom Kippour est l'acte symbolique du bouc émissaire. Ce bouc était choisi parmi deux, et l'un des boucs était sacrifié pour expier les péchés du peuple. L'autre bouc était désigné comme bouc émissaire : il était chargé symboliquement des péchés d'Israël, et après que le souverain sacrificateur ait posé ses mains sur sa tête pour transférer les péchés, ce bouc était chassé dans le désert, portant les péchés du peuple loin du camp (Lévitique 16, 8 - 10). Ce rituel montrait l'idée que le péché devait être expié pour rétablir la relation avec Dieu, mais

aussi que le péché devait être éloigné, symbolisant la purification du peuple. Le sacrifice était essentiel pour restaurer la communion entre Dieu et Israël.

2. Le souverain sacrificateur agissait comme médiateur entre Dieu et les hommes, en offrant des sacrifices pour les péchés du peuple et en intercédant pour eux. Ce rôle de médiateur était essentiel pour maintenir la relation entre Israël et Dieu, mais il restait incomplet, car les sacrifices étaient faits de manière répétée chaque année, indiquant qu'une rédemption parfaite n'avait pas encore été accomplie.

Dans le Nouveau Testament, Jésus est révélé comme l'accomplissement ultime de tout le système sacrificiel de l'Ancien Testament, et plus particulièrement, comme le Sacrifice parfait de Yom Kippour. Là où les sacrifices d'animaux étaient nécessaires chaque année, le sacrifice de Jésus est une fois pour toutes, parfait et éternel :

1. L'une des premières déclarations de Jésus comme le Sacrifice parfait se trouve dans l'Évangile de Jean, où Jean-Baptiste Le désigne comme l'Agneau de Dieu : « Voici l'Agneau de Dieu, qui ôte le péché du monde » (Jean 1, 29). Le terme « Agneau » fait écho au sacrifice de l'agneau pascal, mais il va au-delà de cette image pour désigner Jésus comme l'Agneau sacrificiel parfait qui prend sur Lui les péchés du monde, comme l'indiquait le bouc émissaire dans le rituel de Yom Kippour. Jésus, en tant qu'Agneau de Dieu, porte nos péchés et les ôte définitivement, offrant ainsi une réconciliation avec Dieu qui est totale et définitive.

2. Les sacrifices d'animaux, bien qu'ordonnés par Dieu, étaient insuffisants pour enlever véritablement le péché. L'auteur de l'Épître aux Hébreux exprime cela très clairement, en soulignant que les sacrifices répétitifs ne pouvaient pas purifier de manière définitive : « Il est impossible que le sang de taureaux et de boucs ôte les péchés » (Hébreux 10, 4). Mais Jésus, en

offrant Son propre corps, accomplit ce que les sacrifices de l'Ancien Testament ne pouvaient faire. Par Son sacrifice, Il purifie définitivement les péchés, non seulement pour Israël, mais pour le monde entier. Dans Hébreux 9, 12, il est dit : « Il entra une fois pour toutes dans le sanctuaire, non avec du sang de boucs et de veaux, mais avec Son propre sang, ayant acquis une rédemption éternelle ». Ainsi, Jésus devient le souverain sacrificateur parfait, qui non seulement offre le sacrifice, mais qui est lui-même le sacrifice. Il est à la fois le prêtre et l'agneau sacrificiel.

Le sacrifice de Jésus pour les péchés de l'humanité est symbolisé par le sang versé sur la croix. En tant que Bouc émissaire, Jésus porte nos péchés, mais contrairement au bouc envoyé dans le désert, Son sang est offert à Dieu comme un acte de réconciliation. Dans Hébreux 9, 14, il est écrit : « Combien plus le sang du Christ, qui par l'Esprit éternel s'est offert lui-même à Dieu comme une offrande sans tache, purifiera-t-il notre conscience des œuvres mortes, afin que nous servions le Dieu vivant ! ». Le sang de Jésus ne fait pas que couvrir les péchés temporairement ; il les efface, les purifie, et nous réconcilie définitivement avec Dieu. Ce sacrifice est éternel et parfait, inaugurant une Nouvelle Alliance dans laquelle la réconciliation avec Dieu est rendue possible non par les rites répétitifs, mais par le sacrifice unique et définitif de Jésus.

Jésus, en tant que souverain sacrificateur, a un rôle unique et suprême dans la réconciliation entre Dieu et l'humanité. Contrairement aux sacrificateurs humains, qui devaient offrir des sacrifices pour leurs propres péchés avant de pouvoir offrir des sacrifices pour les autres (Hébreux 7, 27), Jésus n'avait aucun péché. Il n'a pas besoin d'offrir un sacrifice pour Lui-même ; Il est le Sacrifice parfait pour tous. Par Son sang, Il purifie une fois pour toutes ceux qui croient en Lui. Hébreux 7, 27 nous rappelle que Jésus est le souverain sacrificateur parfait : « Il n'a pas besoin, comme les souverains sacrificateurs, d'offrir chaque jour des sacrifices, d'abord pour ses propres péchés, puis pour ceux du peuple ; car Il a offert une fois pour toutes, en s'offrant Lui-même ».

Le sacrifice de Jésus ne se limite pas à une expiation temporaire. Il est une réconciliation permanente entre Dieu et les hommes. Dans 2 Corinthiens 5, 18, Paul écrit : « Tout cela vient de Dieu, qui nous a réconciliés avec Lui par Christ et qui nous a donné le ministère de la réconciliation ». Le sacrifice de Jésus sur la croix est le moyen ultime par lequel les péchés de l'humanité sont effacés. Par Sa mort, Il rétablit la communion avec Dieu, offrant ainsi un accès direct à Sa présence. Le voile du Temple, qui séparait le Saint des Saints du reste du sanctuaire, a été déchiré au moment de la mort de Jésus (Matthieu 27, 51), symbolisant l'ouverture du chemin vers Dieu pour tous ceux qui croient en Lui.

Jésus, par Son sacrifice sur la croix, devient le véritable Sacrifice de Yom Kippour. Il est l'Agneau de Dieu qui ôte les péchés du monde, l'Expiation parfaite pour les péchés de l'humanité. Contrairement aux sacrifices d'animaux, qui étaient temporaires et insuffisants, le sacrifice de Jésus est éternel et définitif. Il réconcilie l'humanité avec Dieu, efface le péché, et ouvre la voie de la vie éternelle. En Jésus, le Souverain Sacrificateur parfait, nous avons un accès direct à la présence de Dieu, et par Son sacrifice, nous avons la purification parfaite et la réconciliation. Jésus, en accomplissant ce sacrifice ultime, devient non seulement le Médiateur, mais aussi la Réconciliation elle-même.

LE NOUVEAU TEMPLE

Le Temple de Jérusalem, dans l'Ancien Testament, occupait une place centrale dans la vie spirituelle du peuple d'Israël. C'était le lieu de la rencontre avec Dieu, où les sacrifices étaient offerts et où la gloire de Dieu résidait d'une manière particulière. Cependant, à travers le Nouveau Testament, nous découvrons que Jésus Lui-même devient le Nouveau Temple. Il est la présence de Dieu incarnée parmi les hommes, et par Sa vie, Sa mort, et Sa résurrection, Il transforme complètement notre compréhension du Temple, nous offrant un accès direct et personnel à Dieu.

Dans l'Ancien Testament, le Temple de Jérusalem était perçu comme le lieu où la présence de Dieu habitait d'une manière particulière. La construction du Temple fut ordonnée par Dieu à David, mais c'est son fils Salomon qui le construisit (1 Rois 6). Ce Temple était considéré comme la maison de Dieu sur terre, un endroit saint où le peuple d'Israël venait pour offrir des sacrifices, prier et recevoir la bénédiction de Dieu. Le Temple était divisé en plusieurs parties, mais le cœur du Temple, le **Saint des Saints**, était le lieu où résidait la gloire de Dieu. Seul le souverain sacrificateur pouvait y entrer une fois par an, le jour de Yom Kippour, pour faire l'expiation des péchés du peuple (Lévitique 16). C'était un lieu de rencontre directe avec Dieu, mais un lieu de rencontre aussi très limité et restreint, soulignant l'écart existant entre Dieu et l'humanité à cause du péché. Le Temple de Jérusalem fut détruit à plusieurs reprises : une première fois par les Babyloniens en 586 av. J.-C. et une seconde fois par les Romains en 70 apr. J.-C. Ces destructions étaient prophétisées dans l'Ancien Testament et symbolisaient le fait que, malgré la grandeur du Temple, il était insuffisant pour restaurer la pleine communion entre Dieu et l'humanité. Le Temple était un signe de l'attente d'un Nouveau Temple, un Temple qui transcenderait les murs et les sacrifices temporaires pour réaliser la réconciliation définitive.

Dans le Nouveau Testament, Jésus annonce qu'Il est le Nouveau Temple. Cette déclaration, profondément provocante et révolutionnaire, change radicalement la manière dont les croyants doivent comprendre la présence de Dieu et la relation de l'homme avec Lui. Dans Jean 2, 19 - 21, Jésus fait une déclaration qui choque ceux qui L'écoutent : « Détruisez ce temple, et en trois jours je le relèverai ». Les Juifs lui dirent alors : « Il a fallu quarante-six ans pour bâtir ce temple, et toi, tu le relèveras en trois jours ? ». Mais Il parlait du temple de Son corps. Jésus se révèle ici comme le Nouveau Temple, non pas un bâtiment fait de pierres, mais Son propre corps. Il devient la présence de Dieu incarnée parmi les hommes. Là où le Temple était un lieu séparé, accessible uniquement à un petit nombre, Jésus, le Temple vivant, offre un accès direct à la présence de Dieu à tous ceux qui croient en Lui. Jésus ne se contente pas de dire qu'Il est le Temple ; Il explique aussi que tout le système sacrificiel qui avait lieu dans l'ancien Temple trouve son accomplissement en Lui. À travers Sa mort sur la croix, Il devient le sacrifice parfait et met fin à la nécessité de sacrifices d'animaux. De plus, lorsque Jésus meurt, le voile du Temple se déchire en deux (Matthieu 27, 51), symbolisant que l'accès à la présence de Dieu est désormais ouvert à tous, grâce à l'œuvre accomplie par Jésus.

Dans l'Ancien Testament, la présence de Dieu résidait dans le Temple physique, mais à travers Jésus, la présence de Dieu est désormais incarnée dans la personne de Jésus, et cette présence est désormais disponible pour tous, et non plus pour une élite sacerdotale ou nationale. Jésus, en tant que Temple, représente le lieu de rencontre avec Dieu. Contrairement au Temple de pierre, où la gloire de Dieu se manifestait d'une manière symbolique et temporaire, la gloire de Dieu se manifeste maintenant pleinement dans la personne de Jésus. Jésus est la présence de Dieu incarnée parmi les hommes, et ceux qui croient en Lui peuvent désormais expérimenter la proximité de Dieu. Dans Jean 14, 9, Jésus déclare : « Celui qui m'a vu a vu le Père ». Cela montre que Jésus est l'ultime révélation de Dieu. Par

Sa vie, Sa parole, et Son œuvre, Jésus devient l'accès direct à Dieu. L'adoration ne se fait plus dans un lieu physique, mais dans l'Esprit et la vérité (Jean 4, 24).

À travers Sa mort et Sa résurrection, Jésus inaugure un nouveau type de temple, un temple spirituel dans lequel Dieu habite non plus dans des pierres, mais dans le cœur de chaque croyant. Dans 1 Corinthiens 6, 19, Paul nous rappelle : « Ne savez-vous pas que votre corps est un temple du Saint-Esprit qui est en vous, que vous avez reçu de Dieu, et que vous ne vous appartenez point à vous-mêmes ? ». Cela signifie que, grâce à l'œuvre de Jésus, chaque croyant devient un temple vivant du Saint-Esprit, portant la présence de Dieu en lui-même. Ce n'est plus un lieu physique, comme le Temple de Jérusalem, qui définit l'endroit où Dieu réside ; désormais, Dieu habite dans Son peuple par l'Esprit.

Dans l'Ancien Testament, le Temple de Jérusalem était construit avec des pierres. Toutefois, Jésus devient la Pierre angulaire de ce Nouveau Temple spirituel. Dans Éphésiens 2, 20, Paul enseigne que les croyants sont bâtis sur la fondation des apôtres et des prophètes, avec Jésus comme Pierre angulaire : « Vous avez été bâtis sur le fondement des apôtres et des prophètes, Jésus-Christ Lui-même étant la pierre angulaire ». Cela signifie que Jésus est le fondement sur lequel la nouvelle communauté de croyants est construite. Ce Temple est spirituel, composé de personnes qui, en Christ, sont unies dans une communion avec Dieu, sans avoir besoin d'un lieu physique spécifique.

Jésus, en tant que Nouveau Temple, offre une permanence et une stabilité que les temples matériels n'ont jamais pu offrir. Dans Matthieu 24, 2, Jésus prédit la destruction du Temple de Jérusalem, et en parlant de Lui-même comme le Nouveau Temple, Il annonce que Son Temple ne sera jamais détruit : « Détruisez ce temple, et en trois jours je le relèverai ». La résurrection de Jésus prouve que le Nouveau Temple, le corps de Jésus, ne peut jamais être détruit, et en Lui, nous

avons accès éternel à Dieu. Ce Temple n'est pas limité par l'espace ou le temps ;
il est éternel.

Jésus, en tant que Nouveau Temple, révèle une nouvelle manière de rencontrer
Dieu. Il est la présence de Dieu incarnée, la Pierre angulaire sur laquelle la
nouvelle communauté des croyants est édifiée. En Lui, le sacrifice est accompli
une fois pour toutes, et l'accès à Dieu est désormais ouvert à tous. Jésus transforme
notre conception du Temple : ce n'est plus un bâtiment, mais une relation vivante
et permanente avec Dieu dans l'Esprit. Nous, en tant que croyants, devenons les
temples du Saint-Esprit, porteurs de la présence divine, et Jésus est au cœur de
cette réalité nouvelle.

CONCLUSION

À travers l'Ancien Testament, Dieu a semé des préfigurations de Jésus-Christ, des signes et des symboles qui annonçaient Sa venue et Son œuvre rédemptrice. Ces préfigurations ne sont pas simplement des événements historiques ou des récits isolés ; elles sont des révélations progressives de la personne et de l'œuvre de Jésus. Chaque sacrifice, chaque personnage, chaque rituel, chaque prophétie trouve son accomplissement parfait en Jésus. Celui qui est l'Alpha et l'Oméga (Apocalypse 22, 13), celui qui accomplit la Loi et les prophètes (Matthieu 5, 17), a parfaitement rempli tout ce que les Écritures de l'Ancien Testament avaient annoncé.

Les préfigurations de Jésus dans l'Ancien Testament sont souvent des types : des figures symboliques qui, sans le savoir, annonçaient la venue de Christ. Que ce soit Moïse, le Nouveau Moïse ; David, le Roi éternel ; ou l'Agneau pascal, le Sacrifice pour nos péchés, ces figures ne sont que des ombres, des prototypes de ce qui allait être pleinement révélé en Jésus. Il ne s'agit pas de simples coïncidences historiques, mais de révélations divines préparant le cœur de l'humanité à recevoir Celui qui apporterait la rédemption.

- Moïse, qui a libéré Israël de l'esclavage en Égypte, est un type de Jésus, qui, par Sa mort et Sa résurrection, nous libère de l'esclavage du péché.
- L'Agneau de la Pâque, dont le sang a été placé sur les portes pour protéger les premiers-nés d'Israël (Exode 12), est une préfiguration directe de Jésus, l'Agneau de Dieu, dont le sang versé sur la croix sauve l'humanité.
- Le Tabernacle et le Temple, lieux où Dieu rencontrait Son peuple, sont des symboles du corps de Jésus, en qui la présence de Dieu habite pleinement et de manière accessible à tous.

Dans l'Ancien Testament, les sacrifices étaient nécessaires pour expier les péchés du peuple, mais ils étaient temporels et insuffisants. Jésus, en tant que le Sacrifice parfait, offre une rédemption éternelle. Son sacrifice sur la croix accomplit ce que les sacrifices d'animaux n'ont pu accomplir : il efface définitivement le péché et réconcilie l'humanité avec Dieu. Par Sa résurrection, Il inaugure une nouvelle alliance où l'adoration ne dépend plus d'un lieu physique, mais est vécue en esprit et en vérité. Jésus devient ainsi le Nouveau Temple, où Dieu habite, non plus dans un bâtiment, mais dans le cœur de chaque croyant.

Chaque préfiguration de Jésus dans l'Ancien Testament pointe vers une promesse divine qui trouve son épanouissement en Christ. Ces promesses sont inclusives et universelles : elles ne concernent pas seulement Israël, mais toute l'humanité. Jésus devient le Fils de Dieu, qui inaugure un royaume éternel, un sacrifice parfait, et une réconciliation totale entre Dieu et l'homme. Les promesses faites à Abraham, à David, à Moïse et aux prophètes trouvent en Jésus leur accomplissement ultime.

En accomplissant toutes les préfigurations de l'Ancien Testament, Jésus établit la Nouvelle Alliance. Contrairement à l'ancienne alliance, fondée sur la loi et les sacrifices répétitifs, cette nouvelle alliance est fondée sur le sang du Christ, une alliance éternelle (Hébreux 9, 15). Jésus, en tant que médiateur de cette alliance, nous offre la réconciliation avec Dieu non par nos œuvres ou nos sacrifices, mais par Sa grâce infinie. Il est le chemin, la vérité et la vie (Jean 14, 6), et à travers Lui, nous avons accès à la pleine communion avec Dieu.

Les préfigurations de Jésus ne sont pas seulement des symboles d'une rédemption future ; elles ont aussi des implications profondes pour notre vie personnelle aujourd'hui. Accepter Jésus comme le Nouveau Temple, c'est accepter Sa présence en nous par le Saint-Esprit. Accepter Jésus comme le Sacrifice parfait, c'est comprendre que nous sommes pardonnés et que nous vivons dans une relation restaurée avec Dieu. Chaque préfiguration, que ce soit l'Agneau pascal, le souverain sacrificateur, ou la promesse d'un roi éternel, nous invite à une transformation intérieure : vivre dans la liberté, la réconciliation et l'espérance qu'Il offre.

Les préfigurations de Jésus sont une invitation à comprendre la continuité de l'œuvre divine à travers les âges. Elles nous montrent que l'histoire du salut n'est pas une succession d'événements isolés, mais un grand plan divin unifié, culminant dans la personne de Jésus-Christ. Ce dernier n'est pas simplement un accomplissement des prophéties, mais la révélation de Dieu lui-même, le Sauveur de l'humanité, qui offre la rédemption à tous ceux qui croient en Lui. À travers Jésus, l'ombre de l'Ancien Testament devient lumière, et nous découvrons une nouvelle vie, une nouvelle alliance, et une nouvelle manière de vivre avec Dieu.

En méditant sur les préfigurations de Jésus, nous sommes invités à reconnaître Sa présence, à réaliser l'accomplissement de Ses promesses et à vivre pleinement selon la vérité qu'Il nous a révélée. Jésus est Celui qui nous révèle Dieu, Celui qui nous réconcilie avec Lui, et Celui qui transforme notre cœur, notre vie, et notre avenir.

BIBLIOGRAPHIE

1. **Carson, D. A.** (1994). *L'EVANGILE selon Jean* (Commentaire du Nouveau Testament). Eerdmans.

2. **Wright, N. T.** (1992). *Jésus et la Victoire de Dieu* (Origines chrétiennes et la question de Dieu, Volume 2). Fortress Press.

3. **Goldsworthy, Graeme.** (2000). *Prêcher la Bible entière en tant qu'écriture chrétienne*. Eerdmans.

4. **Vos, Geerhardus.** (1948). *Téologie Biblique : Ancien et Nouveau Testament*. Eerdmans.

5. **Stott, John.** (2001). *La Croix du Christ*. InterVarsity Press.

6. **Beale, G. K.** (2004). *The Temple and the Church's Mission: A Biblical Theology of the Dwelling Place of God*. InterVarsity Press.

7. **MacArthur, John.** (2006). *The Gospel According to Jesus: What Does Jesus Mean When He Says "Follow Me?"*. Zondervan.

8. **Arnold, Clinton E.** (2002). *Ephésiens : Puissance et Magie : Le Concept de Pouvoir dans les Ephésiens à la Lumière de son context historique*. Cambridge University Press.

9. **Blaising, Craig A.** (1995). *Progressive Dispensationalism*. Baker Academic.

10. **Riddlebarger, Robert.** (2003). *Le cas d'Amillennialisme : Comprendre les Temps de la Fin*. Baker Books.

11. **Moo, Douglas J.** (1996). *L'Epître aux Romains*. Eerdmans.

12. **Merrill, Eugene H.** (1996). *Kingdom of Priests: A History of Old Testament Israel*. Baker Books.

13. **Hahn, Scott.** (2009). *A Father Who Keeps His Promises: God's Covenant Love in Scripture*. Doubleday.

14. **Swinburne, Richard.** (2004). *Was Jesus God?*. Oxford University Press.

15. **Parker, T. H. L.** (2002). *La Prédication Apostolique de la Croix*. Epworth Press.

16. **Hayford, Jack W.** (1995). *La Présence de Dieu Dans la Bible*. Thomas Nelson.

17. **Clark, David K.** (2001). *La Bible et les pères fondateurs*. InterVarsity Press.

18. **Chesnut, David.** (2010). *Christ dans l'Ancien Testament : Comprendre la Signification Biblique des Préfigurations de Jésus*. Zondervan.

19. **Hughes, R. Kent.** (2010). *The Sermon on the Mount: The Message of the Kingdom*. Crossway.

20. **Smith, Gregory.** (2015). *Jésus dans l'Ancien Testament : Un Guide pour voir Christ dans les Ecritures*. Crossway.

21. **VanGemeren, Willem A.** (1997). *The New International Dictionary of Old Testament Theology and Exegesis*. Zondervan.

22. **Kaiser, Walter C.** (1993). *Le Messie dans l'Ancien Testament*. Zondervan.

23. **Miller, Stephen R.** (2008). *Le Pentateuque : Une Introduction aux cinq premiers livres de la Bible*. Baker Academic.

24. **Tchividjian, Tullian.** (2013). *Une Façon d'Aimer : Une Grâce Inépuisable pour un Monde Epuisé*. Crossway.

25. **Fitzmyer, Joseph A.** (1997). *The Gospel According to Luke (X-XXIV): Introduction, Translation, and Notes*. Doubleday.

Printed by Books on Demand GmbH, Norderstedt / Germany